"十四五"职业教育国家规划教材

汽车文化

第3版

全国交通运输职业教育教学指导委员会
中国汽车维修行业协会 ◎ 组织编写

刘新江　何陶华 ◎ 主　编

刘婷婷　黄　敏　蒋　蜜 ◎ 副主编

人民交通出版社

北京

内 容 提 要

本教材是"十四五"职业教育国家规划教材。其主要内容包括汽车溯源、汽车百年、中国汽车梦、慧眼识车、汽车大观园、汽车视听盛宴、突破科技 开创未来和车界英豪等内容。

本教材可作为职业院校汽车类专业的教材，也可作为相关行业岗位培训教材以及汽车维修和相关技术人员的参考用书。

* 为便于教学，本教材配套多媒体教学课件，任课老师可通过加入"QQ群（教师专用）：111799784"获取。

图书在版编目（CIP）数据

汽车文化/刘新江,何陶华主编.—3版.—北京：

人民交通出版社股份有限公司,2025.5.—ISBN 978-7-

114-20452-4

Ⅰ.U46-05

中国国家版本馆 CIP 数据核字第 2025 A2S852 号

"十四五"职业教育国家规划教材

Qiche Wenhua

书　　　名：	汽车文化（第3版）	
著 作 者：	刘新江　何陶华	
责任编辑：	李佳蔚	
责任校对：	赵媛媛	
责任印制：	张　凯	
出版发行：	人民交通出版社	
地　　　址：	(100011)北京市朝阳区安定门外外馆斜街3号	
网　　　址：	http://www.ccpcl.com.cn	
销售电话：	(010)85285911	
总 经 销：	人民交通出版社发行部	
经　　　销：	各地新华书店	
印　　　刷：	北京市密东印刷有限公司	
开　　　本：	880×1230　1/16	
印　　　张：	11.75	
字　　　数：	241千	
版　　　次：	2017年3月　第1版	
	2021年8月　第2版	
	2025年5月　第3版	
印　　　次：	2025年5月　第3版　第1次印刷　总第13次印刷	
书　　　号：	ISBN 978-7-114-20452-4	
定　　　价：	48.00元	

(有印刷、装订质量问题的图书,由本社负责调换)

本书自 2017 年 3 月首次出版以来，多次重印，被全国多所职业院校选为教学用书，受到广大师生的好评。本书第 2 版于 2021 年 8 月出版，被评为"十四五"职业教育国家规划教材。

为了体现职业教育新理念，贴近汽车类专业实际教学目标，促进"教、学、做"更好地结合，突出对学生实践能力的培养，使之成为技能型人才。根据教育部相关要求，对本书第 2 版进行修订。

本次教材的修订是以本书第 2 版为基础，吸取了教材使用院校教师的意见和建议，在修订方案和专业教学标准的指导下完成的。修订内容主要体现在以下几个方面：

（1）更新相关数据；

（2）增加新能源汽车的结构、原理，以及智能网联汽车、无人驾驶汽车的关键技术、应用场景和未来展望等内容；

（3）针对专业性强的核心专业术语，增加"知识链接"模块；

（4）增加"想一想"模块；

（5）配套国家在线精品课程，以及动画、视频等数字化教学资源，构建立体化学习体系；

国家在线
精品课程

（6）更新书中图片，进一步修正第 2 版教材的不足之处。

本书由四川交通运输职业学校的刘新江、何陶华担任主编，刘婷婷、黄敏、蒋蜜担任副主编。参加编写的还有成都市龙泉驿区交通运输局的康雪峰。

限于编者水平，书中难免有不当之处，敬请广大院校师生提出宝贵意见和建议，以便再版时完善。

作　者
2024 年 12 月

CONTENTS | 目录

汽车溯源

🎯 学习目标

◎ 知识目标

1. 了解车轮和马车的发展史;
2. 了解内燃机的发展过程;
3. 熟悉汽车诞生史。

◎ 技能目标

能收集整理汽车诞生的故事,进行展示和讲解。

◎ 素养目标

从汽车诞生史中汲取前人经验和智慧,激发创新意识。

⏰ 建议课时

4 课时。

汽车的发明是人类对交通工具不断创新的结果,是人类集体智慧的结晶。

汽车诞生的过程中,凝聚着无数发明家的心血,充满了许多富有传奇色彩的坎坷,饱含了无数失败与反复的艰辛。

汽车将人类带入了一个全新的交通纪元。

故事一
滚动的轮子

1. 由移动到滚动的飞跃

远古时代，人类的祖先刚刚从树上来到地面生活，住在天然的洞穴里。

白天，男人拿着石头和木棍外出打猎，女人操持家务；晚上，一家人围着火堆，烤着野味……

开始捕猎到的食物数量有限，人们轻而易举地就能随身把它带回洞穴中。随着时间的推移，人们打猎的范围越来越大，武器和生产工具也得到改进，收获的猎物逐渐多了，偶尔还能幸运地捕猎到大象等体积较大的动物，而怎样把这些庞然大物搬回洞穴中却成了一大难题。

有一天，狂风大作，有人发现在风的吹动下，圆滑的石头或圆木滚动得较快。这个自然现象给人们很大启示，人们将要运送的重物放在木排上，在木排下面垫上可以滚动的圆木，就可以拉动木排慢慢前进了。

这样，一种滚子橇被制造成功了，古人开始借助滚子橇搬运重物（图1-1）。如美洲的印第安人在滚木上拖船，古埃及人用这种方法把巨大的石料堆成金字塔。

2. 以轮行车

同时，滚动的圆木带给了古人更多灵感。公元前3500年左右，人们用石斧将木头或石头加工成合适的轮子，做出了陶轮和纺轮等工具。300年后，以轮行车这个想法终于被美索不达米亚人实现了。

考古人员在乌尔国王巴尔基的坟墓中，发现绘有苏美尔战车的镶嵌画，画上出现了装有圆形车轮的马车（图1-2）。美索不达米亚人给车子装上轮子，从此轮子交通时代开始了。

图1-1 博物馆里展示的滚子橇

图1-2 乌尔国王巴尔基坟墓中的苏美尔战车镶嵌画

笔记区

3. 车轮的演变

最早的车轮是人们用石斧把圆木截短，并把砍下的两段圆木在中间各凿一个圆洞，再在洞里穿上一根细一点的木棍把它们连接起来。但随后人们又发现，当装运太重的物品时，轮子就会被压裂。在不断地尝试之后，车轮被逐步改为了中间较薄、外沿较厚的造型，同时连接杆也采用了更加接近车轴的样式，让车轮更加稳固、耐用。

公元前 1600 年时，北方的海克索斯人用马拉战车进攻埃及，使还在使用滚木拖运货物的埃及人大吃一惊。从此，埃及人也开始使用带轮的车，并首先使用了轮辐和轮缘来加固车轮。不过当时的车轮还都是木制的，后来随着钢铁的出现，木轮发展成为钢制轮，外加橡胶轮胎，内充空气（图 1-3），车轮日臻完善。

图 1-3　车轮的演变

故事二

马车的黄金时代

1. "万乘" 强国

话说轩辕黄帝造出了最早的车。那时的车相当简陋，结构粗糙，车轮是实心的木饼子，而且，还得由仆役和奴隶拉动才能缓慢前进。

到了夏禹时代，大禹的属员奚仲觉得老祖宗黄帝造出来的车用来搬运东西固然方便，但还有很多值得改进的地方。比方说，人们早已驯服了牛马用于搬运重物，而车本身也是搬运重物的工具，那么，用牛马来拉车，如何呢？

最开始，奚仲把车直接拴在马身上，马不乐意了，身后拖个什么东西啊？吱吱嘎嘎的，它就左右甩摆，上下蹦跶，奚仲的车很快被拖翻，车上装的东西

笔记区

也满地滚落。

经过了无数次失败的尝试，他终于设计出一套改进模式：从车前方伸出一根辕木，将两匹马分别套在辕木的两侧（图1-4、图1-5）。这样，当马匹向前方或者斜前方奔跑时，就带动车辆前行。由于是两匹马，受力比较均衡，也便于控制。

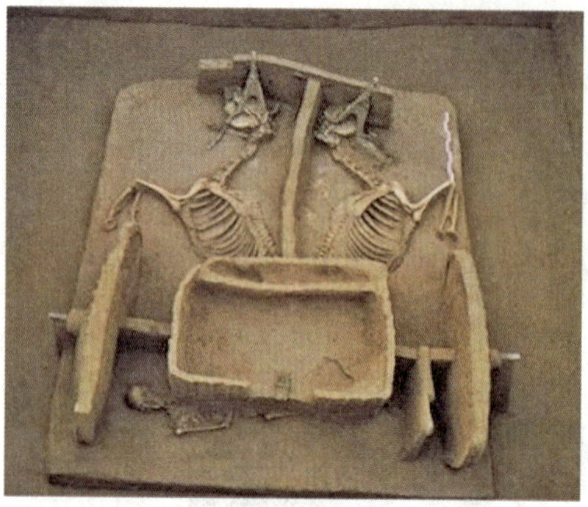

图1-4　墓葬中出土的车马

图1-5　奚仲发明的车（复原）

马车的发明，不但解决了运输问题，而且还促进了道路设施的发展，有利于各地区之间的联系和信息的传递，扩大了商贸运输活动和文化的交流。

随着以后诸侯战争的加剧，马拉战车也应运而生，车辆由单纯统帅显摆权威的仪仗，变成了战场上主宰胜败的利器，也成了衡量一个国家实力的标准。到春秋时期，出现了"千乘之国""万乘之国"。秦始皇也靠他的战车部队（图1-6）所向披靡，统一了中国。

2. 四轮马车的帝国大道

公元前1世纪，罗马的制车匠发现了塞尔特人的四轮马车，并将四轮马车加以改造，即将四轮马车的前轴改造为可旋转式以方便车子转动方向，用整片的轮辋与轮箍以增加车轮强度，同时，用镶有金属边的轮毂以减少行车摩擦。经过这样改造，马车的性能大为提高（图1-7）。

图1-6　秦始皇使用的战车（立车）

图1-7　古罗马的四轮马车

公元200年，坚固的罗马四轮马拉车在大道上"嗒嗒"驶过，马拉邮车和客车每天（24小时）可行驶160千米，中途只更换马匹而车不休息。为了使四轮马车能在平坦的路面上行驶，鼎盛时期的罗马帝国已建造了质量很好的80000千米的平坦大道，使这种四轮马车备受富人青睐。

此后的一千多年时间里，这种用作长途运输的马车成为世界各国主要的运输车辆。当然，这些马车不仅拉货运物，同时也用作载人远行。

到了17世纪，四轮的公共驿车承担了几乎所有的长途旅客运输，为陆上旅行带来繁荣，马车商也应运而生。马车商制造的精致的私有马车也成为王公贵族身份的象征。其中，最豪华的英国皇室马车是在1762年为英皇乔治四世制造，被称为"黄金马车"（图1-8）。

图1-8　1762年英国皇室制造的"黄金马车"

3. 速度之争

19世纪中期，欧洲某地。拉尔夫——货运马车商人，他坐在那里，手中紧握着马鞭，用充满敌意的眼神，打量着那个从远方驶来的庞然大物。那是一列蒸汽火车，本地人之前从未见过的新鲜玩意儿，它的运载量远远超过了货运马车，冒着浓烟呼啸而来，速度极快，是马车无法比拟的。它的出现，几乎抢走了马车商人的所有生意。

于是，拉尔夫去找火车商人谈判，他要驾驶马车跟火车比一场，看哪个跑得更快。马车和火车的比赛引起了当地人的兴趣，竞赛当天，铁路沿线挤满了观众。拉尔夫赶着蓄足了劲儿的马车，和火车一起站在起跑线上。"砰——"发令枪响了，在围观人群的欢呼声中，拉尔夫的马车就像离弦的箭，瞬间就冲出去数百米，而火车还在原地打鼾似的启动机器，在人们嘲讽的叫喊声中徐徐启动。强烈的轰鸣声和滚滚的浓烟过后，火车速度越来越快，和马车的距离渐渐拉近。拉尔夫不停地挥动马鞭，马车奔驰的速度已达到极限，而火车还在加速，很快就追上了马车。"我的马跑得飞快，我们一直努力地跑，可是那个家伙还是轻松地超过了我们。"拉尔夫无奈地看着齐头并进的火车还在提速，不一会儿就把自己远远地抛在身后。

一场从一开始就没有任何悬念的比赛结束了。到1904年，美国内华达州富庶市镇士诺巴与高非尔之间最后的著名驿车停驶了，马车的黄金时代宣告结束。

? 想一想

从车轮到马车的演变，体现了人类哪些重要的智慧与进步？

笔记区

故事三
车辆 "心" 路历程

1. 自走式车辆的幻想与探索

15 世纪，双轮马车在意大利的石子路上来来往往，达·芬奇在幻想着有一辆自动行驶的车子载着他到处漫游。他站在自己的画室窗前，望着不远处的钟楼，出神地想着。

"铛——铛——铛——"，清脆的钟声响起，钟楼上的指针重合在"12"时。钟声唤醒了沉浸在想象中的达·芬奇，"钟为什么能敲呢？里面有发条作动力。对，用发条可以试试这种自动行驶的车。"达·芬奇转身坐在桌子前，把他的设想画在纸上，第一张以发条为动力的自动行驶车辆的设计图纸在大画家手中诞生了。只是，他的理想留在了纸上，没有变成现实。按照达·芬奇的图纸造一辆车子，也成了更多人的梦想。

1649 年，德国有个钟表匠叫汉斯·郝丘，他看到了达·芬奇留下的设计图纸，想把它变成一辆看得见摸得着的车。会做钟表的郝丘根据图纸，试验制造了世界上第一辆自动行驶的车（图1-9）。这车像钟摆一样，是用发条作动力的，上足发条，

图 1-9 汉斯·郝丘制造的发条车

它就会向前行进。

试车那天，钟表店前的路两旁站满了人，几辆马车也静静地停在一边，为郝丘试车开道。郝丘拧动发条，车子慢慢向前开去，人们都想看个稀奇，也跟着它向前走。可是，人们很快便发现，赫丘的车还不如他们走得快，郝丘自己也觉得很不好意思，这车一小时只走了 1.5 千米。

2. 曾经的动力霸主——蒸汽机

赫丘的自动行驶车子的试制，对法国军事部门来说是一件大喜事。当时在战场上，火炮是一种很有威力的武器，"轰——"的一声炮响，就可以杀伤很多敌人。但是，由生铁铸成的火炮特别沉，炮兵用马车把它从一个地方移到另一个地方特别费劲，速度也很慢。他们决定在郝丘的基础上再继续试验，造出快一些的自动行驶车来搬运火炮。

这个重任落在了陆军炮兵大尉居纽的肩上。1763 年，接到任务后，他便专心致志地开始研制。他先研究了郝丘的发条车，发现用发条作动力，动力太小，必须要寻找到能提供更大动力的机器。他想到了 1705 年英国人托马斯·纽科门发明的蒸汽机。当时在很多工厂、矿山用蒸汽机来抽取地下水。既然蒸汽机可用来抽水，那么能不能把它用在车子上呢？当时作为法国工程师和陆军军官的居纽产生了这样的想法。

居纽经过 6 年的研制，1769 年，这车造成了。它用木头做成，长 7.32 米，宽 2.3 米，可以同时坐 4 个人，每小时可行驶 3.6 千米（图 1-10），速度比郝丘的发条车快了不少。不过，有个问题来了，车子挺着个大大的锅炉，开起来一点也不稳，转起弯来更是要费劲地将前面那个锅炉转过去才行，所以它行驶起来不是撞坏了墙壁，就是转弯时一不小心翻了车。因此，这辆车只好被弃置一旁。

图 1-10 居纽研制的蒸汽汽车

1763 年，英国的仪器修理工詹姆斯·瓦特在修理蒸汽机模型中发现，纽科门研制的蒸汽机只利用了气压差，没有利用蒸汽的张力，因此，热效率低，燃料消耗大。他下决心对纽科门发明的蒸汽机进行改进。

终于，在 1776 年，瓦特改良的蒸汽机制造成功（图 1-11），这种新蒸汽机的热效率是纽科门发明的蒸汽机的 3 倍。之后又经过一系列重大改进，蒸汽机成为"万能的原动机"，在工业上得到广泛应用。

随着瓦特蒸汽机的改良成功，18 世纪末，在欧美各国出现了一个研究和制造蒸汽汽车的热潮，各种用途的蒸汽汽车相继问世。

1801 年，英国人理查德·特雷威蒂克制造了最早的蒸汽动力汽车。

1808 年，英国人理查德·特里维希克发明了第一台实用性铁路蒸汽机车。

1825 年，英国人戈尔斯瓦底·嘉内制造了一辆蒸汽公共汽车（图 1-12），车上 18 个座位，时速为 19 千米，开始了世界上最早的公共汽车运营。

图 1-11 瓦特改良的蒸汽机模型

图 1-12 戈尔斯瓦底·嘉内研制的蒸汽公共汽车

笔记区

1831 年，美国的史沃奇·古勒将一台蒸汽汽车投入运输。在相距 15 千米的格斯特和切罗腾哈姆之间便出现了有规律的运输服务。

1834 年，世界上最早的公共汽车运输公司——苏格兰蒸汽汽车公司成立了。

19 世纪中期，欧洲的马路、街道上穿梭的蒸汽汽车，成为当时工业文明的象征。然而，这些蒸汽汽车的质量少则 3～4 吨，多则 10 吨。车太重，车轮窄，惯性大，转向不灵敏。有时候明知要减速转弯可就是慢不下来，转不过去，只能眼睁睁地看着车撞上障碍物；要么就是制动太狠，轮轴断裂；更可怕的是，炉压过高，一时难以控制，经常发生锅炉爆炸事件。而且，乘坐这种车还得看天气：下雨天，车上遮盖不严，道路泥泞不安全；严寒天，烧水难，起动一次需要 45 分钟以上的时间，易熄灭，行驶也慢；热天，坐在锅炉边，没人愿意忍受；刮风天，要看风向，顺风时车尾的浓烟会把乘车人熏得喘不过气来。

另外，蒸汽汽车的迅速发展引起了马车商人的不满，他们利用各种势力迫使政府不支持蒸汽汽车的发展，并对蒸汽汽车横加指责，致使在 19 世纪中叶以后，蒸汽汽车事业日渐衰落。

3. 内燃机开启动力新时代

1861 年的某一天，29 岁的德国工程师尼古拉斯·奥托在看报纸的时候，一则消息引起了他的注意：法国人艾蒂安·勒努瓦制成用气体作燃料的发动机，这种煤气发动机在结构上与蒸汽机几乎完全一样，当活塞到达行程中间时，用电池和感应线圈产生的高压电火花点火。在巴黎大街上，艾蒂安·勒努瓦亲自驾驶着这种发动机的"马车"，一罐煤气能跑两三千米。消息轰动了巴黎，参观订货的人络绎不绝。

早就开始构思发明新型发动机的奥托大受启发，并着手新型发动机的研制。1862 年，他的中压煤气发动机试验成功，他认识到内燃机压缩行程的重要性，经过进一步研究，他发明了分层充气。

1864 年，奥托找到了一个合作伙伴尤金·兰根，在德国的科伦建造了世界第一个内燃机工厂。最初，包括奥托在内，这个工厂只有六个人。

图1-13　四冲程奥托内燃机

1876 年，奥托终于制作出了由进气、压缩、膨胀、排气四个过程组成的四冲程煤气发动机（图1-13）。经过改进，在 1878 年法国举办的国际博览会上展出了他制作的卧式气压煤气发动机，并进行了公开表演。之后，这种发动机由于效率高而被大量采用，销往全世界。那个小小的只有六个人的工厂，后来成为道依兹发动机公司，销售上的成功使公司名声大振。

几年间，数万台的内燃机制造还供不应求，"奥托发动机"和"奥托循环"在全世界传播开来，为 19 世纪的汽车、飞机时代铺平了道路。

故事四

站在巨人肩上的飞跃

1. 四轮汽车的诞生

1834年3月17日，戈特利布·威廉·戴姆勒出生于德国符滕堡雷姆斯河畔舍恩多夫的一个手工业者家庭。1852年，他就读于斯图加特工程学院。少年时代的戴姆勒就对燃气发动机产生了浓厚的兴趣，并开始学习研制奥托式燃气发动机。

1872年，已经成为工程师的戴姆勒在奥托的邀请下，与迈巴赫一起转入德意志瓦斯发动机公司，协助改进四冲程发动机。可是，坚持工厂动力源的奥托和兰根，与坚持制造小型高速汽油机的戴姆勒、迈巴赫意见不合，戴姆勒于1882年离开了该公司，迈巴赫也随之离开。

1890年11月28日，戈特利布·威廉·戴姆勒和工程师威廉·迈巴赫成立了他们自己的发动机公司——戴姆勒发动机研究院，继续研究汽油发动机。他们将奥托四冲程发动机改进后，于1883年推出首部戴姆勒卧式发动机，1884年又推出了性能更好的立式发动机（取名立钟，风冷，1/4马力，最高转速600转/分），并于1885年4月3日获得德国专利。

1885年，戴姆勒将此发动机安装于木制双轮车上，并让儿子保罗驾驶；这辆车被取名"骑式双轮车"并获得德国专利，这是世界上第一辆摩托车。

1886年，戴姆勒把汽油发动机安装在为妻子43岁生日而购买的四轮马车上，以18千米的时速，从斯图加特驶向康斯塔特。这是人类历史上出现的第一辆四轮汽车（图1-14）。

图1-14 戴姆勒发明的四轮汽车

2. 第37435号帝国专利证书

1886年11月2日，德国皇家专利局批准了一项发明专利（图1-15），专利号为37435，类别属于空气及气态动力机械类，专利名为气态发动机车。而这一专利的获得者，正是在距戴姆勒工厂60英里外的曼海姆城市的卡尔·弗里特立奇·本茨。

1844年11月25日，卡尔·弗里特立奇·本茨出生于德国西部的卡尔斯鲁厄一个手工业者的家庭。

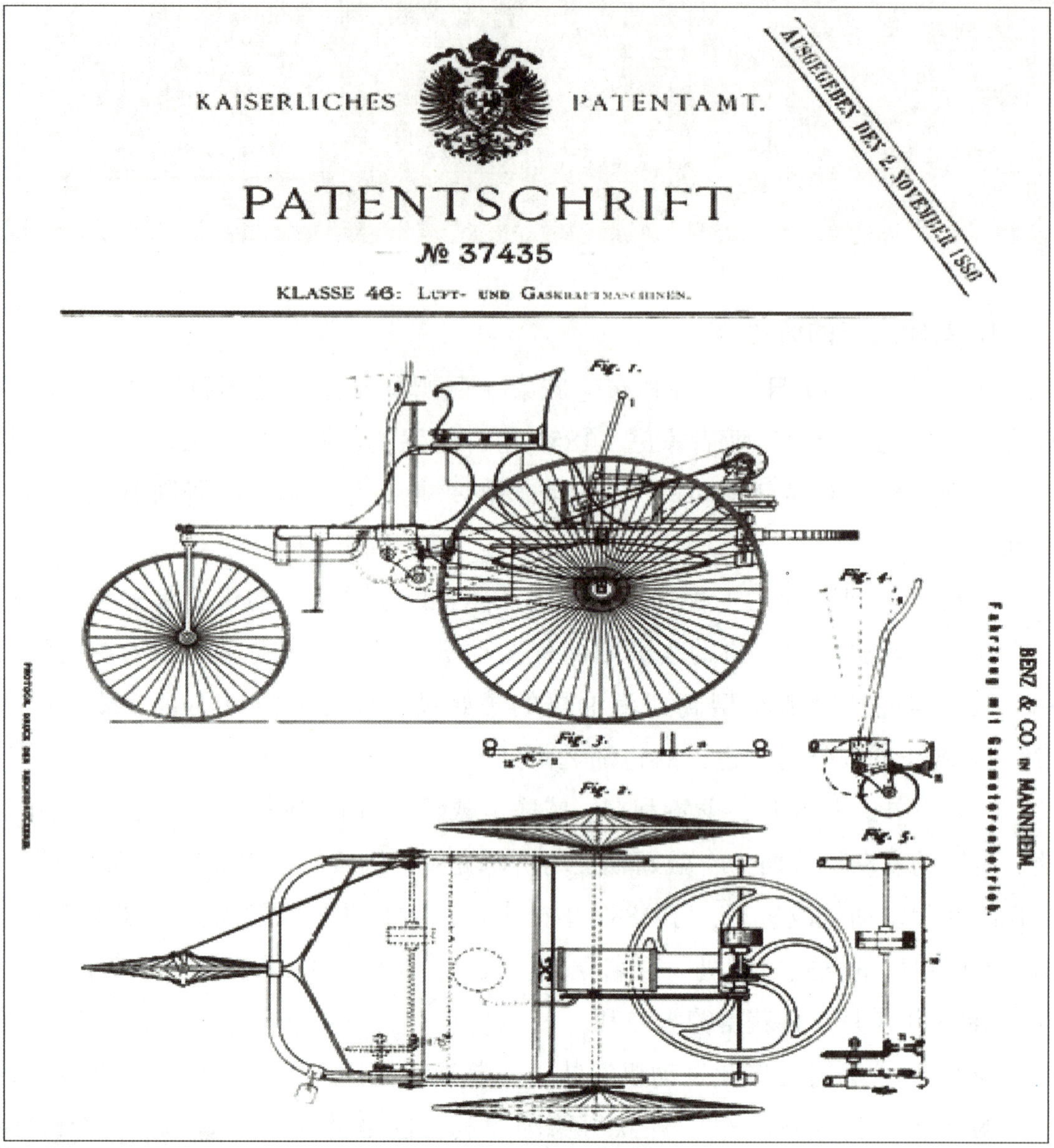

图 1-15　三轮汽车专利号证

笔记区

　　本茨先后就读于卡尔斯鲁厄文理学院和卡尔斯鲁厄综合科技大学。其间，他较为系统地学习了机械构造、机械原理、发动机制造、机械制造经济核算等课程，为日后的发展打下了良好基础。

　　1872 年，本茨与奥格斯特·里特合建了一个工厂，专门生产建筑材料。由于当时建筑业不景气，本茨的工厂经营困难，面临倒闭，万般无奈之际，他决定制造发动机获取高额利润，以摆脱困境。于是，他领取了生产奥托四冲程煤气发动机的营业执照，将研发的重点集中在对奥托四冲程发动机的改进上。先碰到的问题就是怎样使内燃机体积变小。他想：内燃机里有两个汽缸，只要汽缸小了，内燃机不也小了吗？于是，本茨把突破口放在汽缸上。经过一年多的设计与试制，于 1879 年 12 月 31 日制造出第一台单缸煤气发动机（转速为 200 转/

分，功率约为 0.7 千瓦）。

然而，这并没有帮助本茨摆脱经济困境，因为这台发动机仍然使用煤气为燃料，难以推广。他依然每天都在为自己的未来而挣扎，生活十分艰苦。

1883 年 10 月，已经年近 40 岁的本茨再次与投资商罗泽和艾斯陵格在曼海姆创立了奔驰公司莱茵燃气发动机厂（Benz & Cie. Rheinische Gasmotoren-Fabrik Mannheim），开始寻找发动机的新能源。

一次偶然的机会，本茨在报纸上看到了这样一则新闻：曼海姆城郊的一个洗衣店发生爆炸，引发爆炸的原因是被人们用作清洗剂的汽油。当时，很少有人了解汽油会具有如此高的可燃性。这时，本茨突然想到，也许发动机最理想的燃料不是煤气而是汽油！

1885 年，本茨的汽车研发工作终于取得了突破性的进展。1885 年 10 月，他终于研制成功单缸汽油发动机，并将其安装在自己设计的三轮车架上（图 1-16）。

1886 年 1 月 29 日，42 岁的本茨在围观人群的簇拥下来到德国皇家专利局申请专利。人类历史上第一辆真正的汽车"奔驰 1 号"正式诞生，这一天也被确定为汽车的诞生日。

图 1-16　本茨在安装自己的三轮汽车

"奔驰 1 号"上装有三个实心橡胶轮胎的车轮，装有卧置单缸二冲程汽油发动机，油箱容积 785 毫升，0.89 马力，速度 16 千米/小时。该车已具备了现代汽车的一些基本特点，如电点火、水冷循环、钢管车架、钢板弹簧悬挂、后轮驱动、前轮转向和制动手把等（图 1-17）。

3. 一次伟大的汽车长途旅行

第一辆三轮汽车的问世，虽然为本茨带来了荣誉，但是这个不断散发臭气的怪物总是抛锚，因而遭到不少人的冷嘲热讽，虽然本茨多次对它进行改进，但毛病还是不少。为了不在大庭广众之下出洋相，本茨几乎没有勇气在公开场合驾驶它。

1888 年 8 月，从始至终一直在本茨身后

图 1-17　世界上第一辆三轮
汽车"奔驰 1 号"

笔记区

默默支持他的夫人——贝瑞塔·林格作出了一个勇敢的决定，贝瑞塔对两个孩子说："如果你们的爸爸没有勇气把汽车开上街，那么我来开。"

这天清晨，丈夫还在梦乡中，贝瑞塔便唤醒了两个孩子，把汽车推出试验室，然后发动马达。她要把它从曼海姆城开到一百千米之外她的娘家普福尔茨海姆。汽车离开曼海姆城不久，东方就渐渐亮了，马路两旁早起的人们一听到机器的响声都从窗口伸出头看热闹，有些人还走近正在慢慢行驶的汽车，但是一闻到汽油那刺鼻的气味就又纷纷散去。

图1-18　贝瑞塔·林格和儿子驾驶奔驰汽车

行驶14千米后，燃料没有了，只好到一家药房购买汽油；行驶70千米后，被一个陡坡拦住了去路，只得由两个儿子在车后推，把汽车推过陡坡（图1-18）；发动机的油路堵塞了，就用发针把它疏通；电气设备发生短路，只好用袜带作绝缘垫。

直到日落西山，母子三人才到达目的地。孩子的外祖母惊叹不已，小城的人都跑出来围观这个"怪物"。兴奋的贝瑞塔立即给丈夫拍了一个电报："汽车经受了考验，请速申请参加慕尼黑博览会。"本茨接到电报时两手发抖，几乎不敢相信这是真的。从此，世界上第一辆汽车终于被世人认可。

同年9月12日，本茨的发明在慕尼黑博览会上引起了非常大的轰动，当时的报纸如此描述："星期六下午，人们惊奇地看到一辆三轮马车在街上行走，前边没有马，也没有辕杆，车上只有一个男人，马车在自己行走，大街上的人们都惊奇万分。"

慕尼黑博览会后，大批客户开始向本茨订购汽车。此后，本茨的事业开始蓬勃发展，并拥有了当时德国最大的汽车制造厂，开始生产名扬四海的奔驰汽车。

? 想一想

本茨夫人的长途旅行，对汽车发明的成功有何重要意义？

技能训练

"汽车诞生史"专题讲座

（1）分小组收集汽车诞生的相关资料，并进行整理；

（2）各小组代表担任讲座负责人，完成"汽车诞生史"专题讲座；

（3）师生讨论、点评，总结知识点。

笔记区

单元小结

戈特利布·威廉·戴姆勒和卡尔·弗里特立奇·本茨让车辆完成了从马车到汽车的飞跃，使汽车开始融入人们的生活，让越来越多的人开始享受轮子上行走如风的快乐。

思考与练习

（一）填空题

1. 1705 年，英国人_____发明了机械做功的实用化蒸汽机。

2. 1769 年，法国工程师和陆军军官_____发明了第一辆蒸汽汽车。

3. _____年_____月_____日，卡尔·弗里特立奇·本茨发明的"奔驰1号"汽车获德国皇家专利局颁发的第 37435 号帝国专利证书，这一天被确定为汽车的诞生日。

（二）判断题（对的画"√"，错的画"×"）

1. 1776 年，瓦特改良的蒸汽机热效率是纽科门蒸汽机的 3 倍。　　（　　）

2. 1876 年，尼古拉斯·奥托制造出了由进气、压缩、膨胀、排气四个过程组成的四冲程煤气发动机。　　（　　）

3. 1886 年，德国的戈特利布·威廉·戴姆勒发明了历史上第一辆三轮汽车。　　（　　）

（三）简答题

1. 简述蒸汽汽车的发展历程。

2. 简述奥托发明的四冲程内燃机对汽车发明的影响。

笔记区

汽车百年

学习目标

◎ 知识目标

1. 了解汽车百年发展的经典故事；
2. 了解世界汽车工业的格局与现状。

◎ 技能目标

1. 能列举汽车发展各时期的代表车型；
2. 能分析目前世界汽车工业格局。

◎ 素养目标

发扬追求卓越、不断进取的奋斗精神和创造精神。

建议课时

4 课时。

历史告诉我们，汽车的诞生改变了人类的生产方式。汽车工业的诞生、成长、成熟、兴旺与挑战，引发了一次又一次世界霸权的转移。

故事一
马车与汽车的竞争

1. 红旗条例——汽车发展的"魔咒"

汽车一诞生，就面临着与马车的竞争。

其实，最初的汽车（图2-1）与马车的外形是一样的，但是并没有得到人们的认可（图2-2）。汽车虽然速度快，但是噪声也大，破坏了马车时代的安宁，特别是那"轰隆隆"的声音常使马匹受惊；同时，早期的蒸汽汽车比马车拉得多，跑得快，抢了马车的生意，有取代马车的趋势。所以，马车商对汽车采取仇视态度。

图2-1 早期的蒸汽汽车

图2-2 汽车发展初期地位不及马车

社会舆论也不支持汽车。坐惯了马车的人视汽车为洪水猛兽，用各种方式来抵制这个突然出现的"怪物"，美国人称其"魔鬼之车"。欧洲曾有人在报纸上登出漫画，画的是汽车爆炸，乘坐者断臂残足、血肉横飞的情景，恐吓人们不要坐汽车。

贵族甚至操纵议会，通过法令对汽车进行种种限制。1865年，英国出台《机动车道路法案》，规定汽车在乡村时速不得超过6.4千米，在城镇不得超过3.2千米；一辆车必须由3个人来完成驾驶，其中1名为手执红旗的车务员，必须走在车前50米处为汽车开道，警告行人注意安全——"红旗条例"由此得名（图2-3）；在

图2-3 "红旗条例"漫画

路上，汽车要给马车让路，严禁鸣笛，以免惊扰拉车的马。这就使得汽车似乎成了笑话。当然，这也结束了汽车在英国的先行时代。

就连在工业发达的美国，汽车制造者们也受到同样的困扰。福特在试验自己造的汽车时，只能在夜间上街，因为白天开着汽车上街常常受到马夫的威胁。他迫不得已请求市长给予保护，领取了一张能在白天通过街道的特别执照。

❓ **想一想**

在汽车发展的初期阶段，许多人都对汽车持不支持的态度，但汽车最终还是得到了蓬勃发展，这是为什么呢？

2. 法国汽车业的崛起

德国人发明了汽车，但促进汽车初期发展的却是法国人。汽车出现以后，各国政府纷纷立法管理。当时在欧洲，立法基本上是对汽车发展不利的，只有在法国，汽车才能自由发展。汽车技术的发展初期都是在法国。

1889年，法国人别儒研制了齿轮变速器和差速器，并在1891年首先推出了前置发动机后轮驱动的布置形式。

1891年，法国人研制成摩擦片式离合器。

1895年，法国人开始采用充气轮胎。

1898年，法国的"雷诺一号"车采用了箱式变速器、万向节传动轴和齿轮主减速器（图2-4）。

1902年，法国的狄第安采用了流传至今的狄第安后桥半独立悬架。

由于法国人的不断改进，使早期的汽车在性能上有了较大的提高，自1891年起占据了汽车制造的领先地位。到1899年，法国就有75家汽油机汽车工厂，还建立了汽车工业的第一座科研中心——"戴狄安"冶金实验室。到1900年，阿尔芒的标致28型敞篷车，时速已达35千米。图2-5是早期的标致敞篷车。

图2-4 法国的"雷诺一号"

图2-5 早期的标致敞篷车

故事二
梅赛德斯开创汽车新时代

1. 梅赛德斯—"赛"成名

2000 年圣诞前夕，在梅赛德斯—奔驰公司举办的百年回顾纪念活动上，时任奔驰公司的总裁于尔根·胡伯特将一辆产于 1902 年的名为梅赛德斯·简单的车（图 2-6）开进了会场。

这辆车，正是品牌历史的起点——一百年前，奥地利商人艾米尔·捷里内克为参加比赛，从奔驰公司订购了汽车，并以自己的女儿梅赛德斯·捷里

图 2-6　梅赛德斯·简单

内克的名字为其命名"梅赛德斯·简单"。该车型在比赛中多次获胜，使"梅赛德斯"品牌逐渐兴起，后来成为世界知名汽车品牌之一。

1902 年戴姆勒汽车制造公司（DMG）接过了梅赛德斯这个商标并正式注册，沿用至今。

2. 梅赛德斯·简单不"简单"

那么，这历史上第一辆梅赛德斯车被命名为"简单"又是什么意思呢？它的意思绝不是说这辆车的结构或造型简单。可以这样说，直到今天，当我们走到这辆车的跟前，仍然会对它精巧耐用的机械和浪漫经典的设计产生深深的敬意。其实，"简单"在这里是想传达出一种自信，表明这辆车的操作非常简单。当然在今天看来，以前所谓的简单，还是要比今天复杂得多。

这辆 1902 年的梅赛德斯·简单车在今天受到了广泛的尊敬，不仅仅是由于其结构历经百年未被毁掉，还因为它形成了现代机动车的雏形，其重要意义远远超出了它的时代。如图 2-7 所示，它的四缸发动机直接固定在铸造车身上，前面是散热器片；上边的直角切成斜面，四挡速度，离合器功能良好，斜置式转向盘，前后轮尺寸接近。这是戴姆勒汽车集团天才设计师威尔海姆·迈巴赫的杰作。高效的冷却器需水量小，仅 9 升，这大大降低了车重。化油器的功能也无可指责，汽缸的两个凸轮轴控制着进、排气门，四个专用凸轮负责点火，直接在燃烧室中工作。这套点火装置与后来才出现的火花塞功能一样。

笔记区

汽车化油器

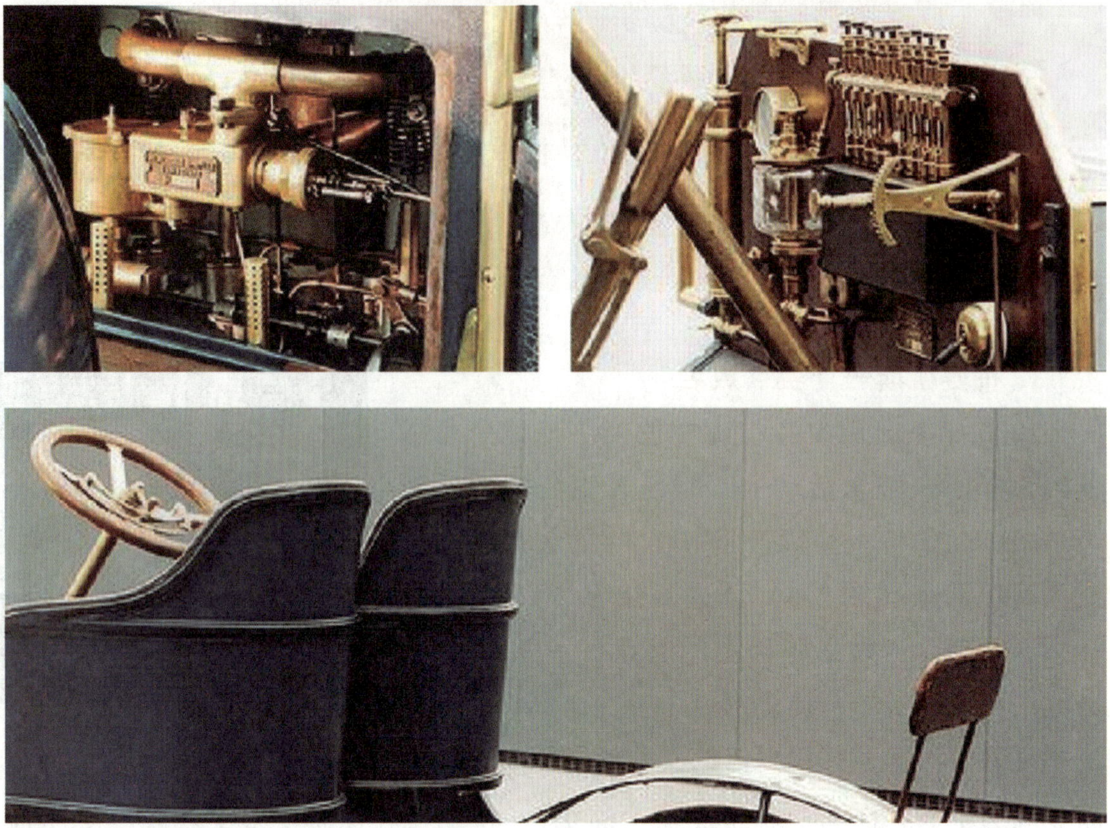

图 2-7　梅赛德斯·简单车的结构

迈巴赫用几个月的时间就设计出了这款具有革命意义的汽车，使戴姆勒一夜成名。艾米尔总共订购了 36 辆，总额达到 55 万帝国马克。

故事三
福特汽车创造的神话

1. 集资建立福特汽车公司

1903 年 6 月 16 日，亨利．福特在底特律的一间由货车车间改造而成的窄小工厂中成立了福特汽车公司。公司全部财产包括一些工具、器材机器、计划书、技术说明、蓝图、专利、几个模型和 12 位投资者筹措的 28000 美元。

公司销售的第一辆汽车被称为"市场上最完美的汽车"，简单得连一个 15 岁男孩都会开。第一辆车卖给了芝加哥的 E. 冯尼格博士。他在公司成立后的一个月就买了这辆车，当时公司存款仅剩下 223 美元，这笔交易缓解了这一状况。

接下来的五年时间里，年轻的亨利·福特先担任总工程师，随后担任总裁。他展开了一个全面的开发和生产计划，在 1905 年，将公司从底特律麦克大道租赁车间搬到了位于皮盖特和波比安街的一幢更宽敞的建筑里。公司投产后的头 15 个月，在老货车工厂共生产了 1700 辆汽车，即早期的 A 型车（图 2-8）。

2. T 型车的问世

1903—1908 年间，亨利·福特和他的工程师们狂热地制造了 19 种车型，从字母表中的 A 直到 S 车型。大多数车型销量很差，有的车型甚至未进入市场，只是实验用车。

1908 年年初，亨利·福特作出了他一生中最重要的决定：福特公司不再着眼于商人和体育竞赛者，而是着眼于和自己一样的普通劳动者，即制造一种更好、更便宜的汽车，这就是 T 型车（图 2-9）。

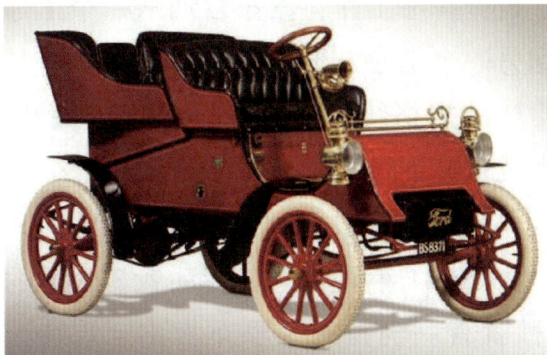

笔记区

图 2-8　早期的福特 A 型汽车　　　　图 2-9　福特 T 型车

T 型车的问世，引起了美国农民的注意。最初几年，农民们常挖沟、设置路障，不让"有着骡子的脾气和骆驼的耐性"的 T 型车通过，直到福特公司作了几次庖丁解牛式的演示，解除农民们疑惑后，才使得占美国人口大部分的农民了解汽车，感到汽车会给他们带来好处，并与工薪阶层一起掀起踊跃购车的风潮。

这种"廉价小汽车"的订单如雪片般飞来，福特公司当年生产量就达 1.9 万辆，第三年竟高达 7.8 万辆。然而，公司的生产方式根本不能满足如此高的需求。

3. 流水线生产方式

面对如此大的订单需求，亨利·福特认识到：原始的手工组装技术和工序应当像马车一样退出历史舞台。但怎样能使汽车制造成本更低、制造速度更快呢？

这时，一份报告引起了他的注意。报告内容大致是：在肉类包装时，生产肉品的人把猪肉、猪小腿等装到一个传送器上，运到包装肉的人身旁，然后他们再把猪肉取下来进行包装。福特大受启发，如果把这个过程反过来会怎样呢？

于是，一场生产方式的革命轰轰烈烈地展开了。

福特是这样构想的：大批量生产方式就像流动不息的河流一样。在正确时间涌出材料、原料的源泉，然后汇合成一股零件的河流，这条河流又以正确时间汇聚成大部件的河流，当这些以正确时间流动的河流汇集到河口出处时，一辆完整的汽车就诞生了。

图 2-10　汽车流水生产线

1913 年，福特请来了"机械化天才"沃尔特·弗兰德斯和设计师艾弗里·威廉·克拉伦斯。按照福特的思路，他们创造出了革命性的生产技术——汽车流水生产线（图 2-10）。每个工人固定在一个位置，负责一件工作，汽车自动从一个工序转到另一个工序，形成工作规范化、有效化，产品规格统一。这使产量迅速提升，成本也迅速下降。

流水线取得了空前成功，汽车价格开始急剧下跌。在 1913 年的美国，一辆 T 型车要花费一名劳动者两年的收入，而 1924 年只要一名劳动者 3 个月的收入，平均每 10 秒就造出一辆，每 24 秒就有一辆新的 T 型车卖出。福特公司成为世界最大的汽车公司，亨利·福特本人则获得了"汽车大王"的称号。

流水线生产不仅改变了汽车业，还深深地影响了整个制造业。美国从此成了"车轮上的国度"，成功地占据了经济霸主的地位。

❓ 想一想

汽车流水线生产给汽车行业带来了哪些变革？

故事四

多样化汽车的变革

汽车产品的多样化时期，是从 20 世纪 50 年代开始至 20 世纪 70 年代。

20 世纪 50 年代，美国汽车业界已形成"通用""福特""克莱斯勒"三大公司鼎立局面，并且以压倒的优势雄踞世界汽车市场。

这时，欧洲厂商也开始实行"量产化"。同时，欧洲厂商有卓越的产品设计能力，从而生产出各式各样的跑车，转而销往美国，从而出现欧美两霸并存的局面。

美国生产的汽车体积大，耗资多，不适合世界上其他市场的消费者。这也从反面为欧洲车的风行提供了可能。欧洲人利用这个机会把触角伸向了世界各地。欧洲人生产的中低档车如甲壳虫，成为美国市场的走销车辆。

1. 大众"甲壳虫"

甲壳虫的历史渊源可以追溯到 20 世纪 30 年代的德国。政府希望能够生产一款可以广泛使用的大众化汽车，于是委任工程师费迪南德·保时捷来完成这项任务。对这款车的要求是：可以载 2 个成人和 3 个儿童、最高时速可达 100 千米、售价不超过 1000 马克。

1933 年，由费迪南德·保时捷设计，曾经红极一时的甲壳虫汽车（图 2-11）创造了汽车销售史上的奇迹，它打破了福特 T 型汽车的生产世界纪录，并超过了数百万辆。

由于甲壳虫汽车结构简单、价格低廉、外形可爱，因此成为同类车中之王。尽管后来甲壳虫汽车被高尔夫新型车所取代，但无论如何，甲壳虫汽车车型仍然是世界上最畅销和最流行的车型之一（图 2-12）。

图 2-11　1933 年款甲壳虫汽车

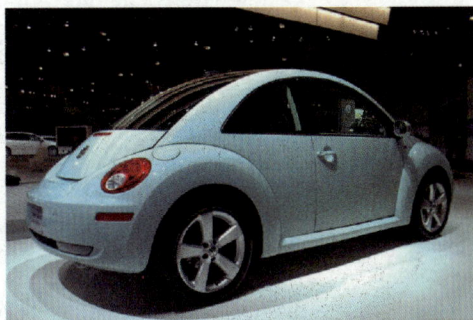

图 2-12　2009 年款新甲壳虫汽车

笔记区

2. 雪铁龙"2CV"轿车

第二次世界大战以后，法国刚从战争的废墟中复苏，法国四大汽车公司（雷诺、雪铁龙、标致和西姆卡）就开始了开发和生产微型轿车的竞争。他们不断开发新车型，采用赊购、降价等方式促销，刺激工薪阶层的购车欲望。

雷诺公司是国营公司，优先利用国家资金开发了多种车型，所以发展最快。雷诺公司的"雷诺4""雷诺5"，都是当时著名的微型轿车。

1936年，雪铁龙的董事长皮埃尔·布朗热成立了一个设计组，设计"2CV"轿车。该车要能拉上一对农村夫妇，带50千克土豆、一筐鸡蛋，走农村小路，车速60千米/小时，回到农舍一个鸡蛋也不能破，每百千米油耗3升。它得让中低收入的百姓买得起。

雪铁龙公司开发的"2CV"型轿车，以价廉物美受到了普遍的欢迎。

1949年，"2CV"开始批量生产。这种车受到了法国和其他国家人民的普遍欢迎，从1950—1955年处于供不应求的状态，到20世纪60年代，被称为"机械奇迹、商业奇迹、社会奇迹"而享誉全球。它特别受到当时青年的追求，成为最"时髦"的汽车。"2CV"一直生产到1990年才停产，累计生产了700万辆（图2-13）。

图2-13 雪铁龙"2CV"型轿车

3. MINI汽车

在第二次世界大战后，英国的汽车生产较早地恢复到了战前的水平。当时，为了争取出口，发展中高级轿车，从1951年起，中高级轿车的出口量逐渐减少，开始发展微型轿车。微型轿车所占的比例逐年上升，在1960年达到46%的历史最高水平。此时，英国的轿车千人保有量为105辆，基本上实现了轿车进入家庭。

1948年，由亚历克·伊兹高尼设计的Morris Minor诞生了（图2-14）。该车的造型圆润秀美，采用承载式1车身，前独立悬架，齿轮齿条转向器。它不仅具有优异的操纵性，而且也非常舒适。它从1948年一直生产到1971年，总产量为162万辆。1959年，伊兹高尼又设计出了著名的廉价"MINI"微型轿车。

长3米、宽1.41米、高1.35米的超级紧凑造型，850毫升的排量和

图2-14 1948年款Morris Minor

25 千瓦的最大功率，令 MINI 在车坛立即掀起了波澜（图 2-15）。不过，就是这种被人瞧不起的微型汽车，竟在世界著名的"蒙地卡罗"拉力赛中三次夺魁，这是因为它的重量只有 630 千克，又特别灵活。从此，该车型因价格低廉，进入英国普通家庭，在各地普及，目前仍在生产（图 2-16）。

图 2-15　1959 年款 MINI

图 2-16　2024 年款全新电动 MINI COOPER

4. 菲亚特 500 微型轿车

意大利的菲亚特和奥托比安西两大汽车厂家，都是以生产微型汽车而著称的。菲亚特早在 1936 年就开发了著名的菲亚特 500 微型轿车（图 2-17）。

图 2-17　1936 年款菲亚特 500 微型轿车

1957 年，采用前置前驱的菲亚特 500 诞生（图 2-18）。采用前置前驱布置后，这台可爱的小车有着意想不到的实用性。充满活力和时尚的意大利人非常钟爱这款小车，它的生产周期一直延续到 1975 年，在车坛创造了一个意大利神话。

半个世纪后，新时代的菲亚特 500 再次"降生"（图 2-19），新款车型秉承了老车型的经典元素，同时又结合了时尚元素。

图 2-18　1957 年款菲亚特 500

图 2-19　2014 年款菲亚特 500

？ 想一想

汽车多样化变革对汽车的发展有何影响？

故事五
精益求精促腾飞

2007 年，丰田汽车公司超越通用汽车公司，成为全球最大汽车制造商，终结通用公司长达 80 年的汽车龙头地位。而在 1936 年 9 月，当丰田 AA 型轿车初次问世时，相比汽车制造史的起点——1896 年美国的杜里埃兄弟制造并出售 13 辆以汽油为燃料的四轮汽车，晚了整整 40 年。

丰田精益求精生产方式的创建者与倡导者为大野耐一。

第二次世界大战后，丰田公司曾陷入非常危险的境地，汽车年销量下降到 3275 辆。

汽车销售不出去，工人开始罢工，而且持续了相当长时间，丰田公司几乎濒临破产……

在严峻的现实面前，公司创始人丰田喜一郎提出：降低成本，消除不必要的浪费，用三年时间赶上美国！

创业者的目标与规划使职业经理人大野耐一印象深刻，他开始思考：为什么美国的生产率比日本高出几倍？一定是日本存在着大量的浪费！那么如何能找到更好的生产方式呢？

1. 丰田生产方式的两大原则

（1）准时化。

关于消除浪费，丰田喜一郎这样说："像汽车生产这种综合工业，最好把每个必要的零部件，非常准时地集中到装配线上，工人每天只做必要的数量。"

大野耐一把丰田喜一郎这个思路应用到汽车的生产现场，形成了一套严谨成熟的"准时生产"体系。

首先是生产线的整流化。大野耐一学习福特的流水线工作方式，将"以设备为中心进行加工"的生产方式改变为"根据产品的加工工艺来摆放设备"，形成专线生产，并计算出每个产品的节拍时间。所谓节拍时间，即假如一天需要生产 A 产品 480 个，一天的劳动时间是 480 分钟，那么生产一个 A 产品的节拍时间是 1 分钟。有了这个节拍时间概念，生产线只要按节拍时间持续流动生产即可。

其次是拉动式生产。之前的生产方式是生产计划部门把计划发给各个工序。由于各个工序发生故障时间不同，导致有的工序生产的部件多，有的生产的部件少，不仅导致生产线运转不流畅，而且循环往复地造成库存。为了解决这些问题，大野耐一从美国超市的取货流程受到了启发，创造了后工序到前工序取件的流程，从而使推动式生产变成了拉动式生产。最后一道工序每拉动一下，这条生产绳就紧一紧，带动上一道工序的运转，从而消除了库存。

（2）自动化。

大野耐一想到了丰田创始人丰田佐吉的发现。

以前的织布机在织造过程中，如果一根经线断了，或者是纬线用完了，必须靠人巡回检查发现后停车处理，否则就会出现大量的不合格品。能不能给设备赋予类似人的"智能"，在出现上述情况时自动停车，从而提高劳动效率又减少不合格品呢？丰田佐吉在1926年研制成功了具有类似人的"智能"的自动织机。

大野耐一受丰田佐吉的启发，想到了把传感器装到机械上。

然而虽然传感器装上了，却不知道哪里的机械停了，这下组长可忙坏了，来回在生产线中奔跑。

这时，大野耐一又想出了一个办法，装了一个灯光显示板（图2-20），显示板上的指示灯分别与各个机床对应相连接，如果哪里发出异常，就可以及时知道，大大地提高了组长及修理科的工作效果。

图2-20　丰田自动化生产的灯光显示板

2. 丰田生产方式的深远影响

大野耐一常于车间巡视，向工人提问。他反复追问"为什么"，直至他得到满意答复、被问者明晰问题为止，这便是后来知名的"五个为什么"。

为推动实施、达成目标，大野耐一持续宣传自己的理念，人们逐步接受改变。"看板生产"在丰田推行成功，耗时超10年。1973年第一次石油危机时，汽车行业库存大量积压，丰田却实现盈利。至此，此前质疑他的人开始相信并接受其理念。

大野耐一在丰田工作一生，经诸多挫折失败后，创建了一套完整、超常规

笔记区

且具革命性的全新生产方式 —— 丰田生产方式（TPS）。

丰田生产方式是提升企业生命力的概念与方法体系，作为丰田通用制造方法，以"杜绝浪费"为基本思想，借生产整体化，追求产品制造合理性与品质至上的成本节约。

？ 想一想

丰田生产方式（TPS）给日本汽车产业带来了哪些深远影响？

故事六
从 "代工模范" 到 "业界黑马"

韩国的汽车业从20世纪50年代的100多家手工汽车作坊起步，到如今已经发展成为世界第五大汽车制造国。韩国汽车工业是如何从"代工模范"到"业界黑马"的呢？

1. 模仿代工起步

韩国的汽车工业是从模仿开始的。以现代汽车为例，它的大多数轿车和商用车都是借与日本三菱汽车合作之机建立起来的，其发动机和变速器技术大多来自技术合作方。直到1970年，韩国汽车年产量仅为2.8万辆。

2. 汽车国产化

进入20世纪70年代，韩国政府实行"汽车国产化"政策，各汽车公司开始大规模引进国外生产技术。1973年，现代汽车公司引进日本三菱公司发动机和底盘技术；1975年便开始自己开发生产汽车，并大量向非洲出口。大宇汽车公司于1972年与美国通用汽车开始合资，随着1990年第一辆自主设计名为"大宇王子"的国产车的推出并在市场获得成功（图2-21），1992年解除了与通用20年的合作关系。

图2-21　1990年款"大宇王子"

国产化政策使韩国的汽车工业获得了飞速发展。1985年，韩国的汽车年产量为37万辆，1986年达到60万辆，1988年突破100万辆，1995年达到240万辆，1997年达到280万辆，韩国汽车业形成了以现代、起亚、大宇、双龙四公司并驾齐驱的市场格局，韩国也一跃成为世界汽车生产大国。

3. 兼并重组

由于盲目贷款和投资，在1997年亚洲爆发金融危机时，韩国多数汽车厂商面临着倒闭的危机。除现代汽车公司，其他汽车厂商均在1998年以后成为大规模结构调整的对象。在这期间，大宇收购了三星和双龙，又兼并了起亚，政府也允许外资大规模进入，大宇、三星汽车、大宇商用车、双龙等韩国汽车企业陆续被国外企业控股或收购，韩国汽车生产的集中程度进一步提高。2020年韩国汽车产量达346.24万辆，位居世界第五。

4. 出口导向

随着汽车国产化的实现，韩国政府又实施出口导向战略，从20世纪80年代开始，韩国汽车开始大量出口。到2014年汽车出口量为306万辆，从而在世界汽车出口国排名第五。

2021年韩国汽车出口量为152万辆，成为全球第四大汽车出口国。

故事七
全球汽车工业大对决

第二次世界大战后，刚从战争阴影中走出来的丰田公司，便把世界上最强劲的对手——美国——作为自己的竞争目标，一个全球范围内的汽车工业大对决开始了。

1. 石油危机——日本汽车工业的发展机遇

1973年，中东战争爆发，阿拉伯石油输出国组织发起了石油禁运，石油价格一路攀升，上涨了近4倍。

突然到来的石油危机震惊了美国汽车行业。石油突然变得紧缺，人们不得不在加油站排队等候给车加油——美国制造的都是大型车辆，油耗很高。

与此同时，以丰田公司为首的日本汽车企业，开发了小型化汽车，价廉、质优、省油，很快受到了美国大众的欢迎。那时，美国每4辆车中，就有1辆日本车，这对美国的汽车巨头们带来了显著影响。

1980年，日本汽车总产量达到1104万辆，超过美国而成为世界最大的汽车生产国和出口国。由于对美国大量出口汽车，所以给美国带来了巨额贸易逆差，从1980年起年年都发生的日美汽车贸易摩擦成为影响日美关系的重要因素，而丰田、本田、日产等汽车厂商为了免受影响，纷纷把生产基地搬到美国本土。

2. 兼并与重组，世界汽车工业分分合合

进入20世纪90年代，日本汽车工业渐呈颓势，许多厂商出现了开工不足、生产力闲置的情况，而美欧汽车商则通过兼并重组恢复了元气，反过来把日本汽车公司当作并购的对象，如福特汽车拥有马自达33.4%的股份。世界汽车工业大规模的兼并与重组开始了。

影响全球汽车工业的主要事件有：奔驰与戴姆勒—克莱斯勒的合并；福特收购沃尔沃轿车公司；雷诺以出让商用车公司为代价而取得沃尔沃集团公司20%的股份；雷诺与日产以交叉持股（前者在后者占有44%的股份，后者在前者拥有15%的股份）的方式结成战略联盟等。

到20世纪末，世界汽车工业基本形成所谓的"6+3"竞争格局。"6"指的是通用、福特、戴姆勒—克莱斯勒联盟（简称戴—克）、丰田、大众、雷诺—日产，它们合计年产销量占世界总量的比例超过80%；"3"指的是本田、标致—雪铁龙（PSA）、宝马（BMW）。9家公司年产销量占世界总量的比例约为95%。

3. 金融危机，"6+3"形成新格局

2008年，席卷全球的金融危机对汽车产业产生了一系列实质性影响。北美三巨头，两家寻求破产保护，通用汽车破产，全球汽车业的标杆——丰田汽车也出现了70多年来的首度亏损。

于是，全球化的兼并重组加剧，菲亚特兼并克莱斯勒，现代起亚崛起，传统意义上的"6+3"发生着显著的变化。

到2014年，新的六大集团包括德国大众集团、日本丰田集团、通用集团、雷诺—日产联盟、现代起亚和福特。新的三小集团包括菲亚特—克莱斯勒联盟、本田和标致—雪铁龙。另外，包括铃木、宝马等多家企业也发展迅速，汽车市场销量逐渐有分散的趋势。

4. 中国崛起，汽车战略重心大转移

2010年3月28日，吉利控股与福特就收购沃尔沃签署了正式收购协议。根据协议，吉利控股以18亿美元收购沃尔沃100%的股权。

就在传统工业大国"混战"的时候，一股新生的力量逐渐显现出了强劲的动力。中国，成为他们有力的竞争者。

2009年，中国汽车产销量分别为1379.10万辆和1364.48万辆，首次超越

美国，成为世界第一的汽车生产大国和消费大国。

自此，中国汽车产销量一路上升，连续 16 年稳居世界第一的宝座。到 2024 年，中国汽车工业协会发布的数据显示，中国汽车产销累计完成 3128.2 万辆和 3143.6 万辆，同比分别增长 3.7% 和 4.5%，产销量再创新高，继续保持在 3000 万辆以上规模。其中，新能源汽车继续快速增长，年产销首次突破 1000 万辆，销量占比超过 40%，迎来高质量发展新阶段；汽车出口再上新台阶，为全球消费者提供了多样化消费选择。

❓ 想一想

中国汽车产业强势崛起，给我们带来了哪些启示？

📖 技能训练

经典汽车展——回顾汽车百年精彩瞬间

（1）分小组收集汽车发展各时期的经典汽车资料和图片；

（2）各小组代表展示经典汽车资料和图片，并分享其背后的历史传承、文化内涵和人文故事；

（3）师生共同讨论、点评，总结前人成功经验。

笔记区 🖊

📋 单元小结

从最初昂贵的炫耀品，到人们生活中的一项普通交通工具，在过去的一百三十多年间，汽车已经演变成为现代文明的一个标志。作为世界上最大的制造业，汽车工业就像是一部发动机，推动着世界经济迅速发展。

这是一场没有终局的比赛，或许没有人会是最后的赢家。但在这场比赛中，汽车工业还将为人类创造出更多的财富，继续催生出更先进的文明。

📝 思考与练习

（一）填空题

1.1908 年，福特开发了举世闻名的_____汽车，并在 1913 年首创了汽车大规模_____生产方式，极大提高了生产效率。

2. 日本丰田生产方式（TPS）是_____创造的，其基本思想是_____。

3. _____年，中国汽车产量首次超越美国，成为世界第一。

（二）判断题（对的画"√"，错的画"×"）

1.1933 年，费迪南德·保时捷设计的"甲壳虫"汽车打破福特 T 型汽车的生产世界纪录，创造了汽车销售奇迹。　　　　　　　　　　　　（　　）

2. 20世纪末，世界汽车工业形成"6+3"竞争格局，其中"3"指的是大众、本田和宝马。 （　）

3. 2010年，吉利汽车以18亿美金收购了沃尔沃轿车100%的股权。 （　）

（三）简答题

自20世纪50年代，汽车产品出现多样化，请列举各大汽车厂商的代表车型。

笔记区

单元三

中国汽车梦

学习目标

◎ 知识目标

1. 了解汽车在中国的发展过程；
2. 了解中国汽车工业概况。

◎ 技能目标

1. 能绘制中国汽车工业发展历程图；
2. 能列举中国汽车品牌及其代表车型。

◎ 素养目标

1. 树立自信、自立、自强意识；
2. 树立民族自豪感和爱国主义情怀；
3. 树立作为中国汽车人的责任和担当。

建议课时

4 课时。

从民族汽车工业的初步构思，到国产汽车的蓬勃发展。我国汽车工业正以智慧与勇气书写中国制造向中国智造的转型传奇，在全球竞争中重塑行业新格局。

故事一

慈禧新座驾

1. 驶入中国第一车

李恩思（Leine），旅居上海的匈牙利商人。1901 年冬天，他把自己从欧洲购进的两辆美国生产的奥兹莫比尔牌汽车（图 3-1）运到上海租界备用。1902年 1 月 30 日，上海公共租界工部局开会决定向李恩思的汽车颁发临时牌照，准许上街行驶，每月缴纳税金 2 银圆。

a)   b)

图 3-1　李恩思从欧洲购进的奥兹莫比尔汽车

当李恩思把他的汽车开到上海的大街上时，立刻引来众多市民的围观。这种比马车跑得还快的机器外形与马车十分相似，黝黑的"身体"用木材打造而成；木质的车轮外装着实心橡胶轮胎；车上有两排座位，前排为驾驶人座位，后排为乘客座位；另外，汽车上还装有煤油灯和手捏喇叭。至此，汽车经历十五年的发展，终于驶上了中国的土地。

2. 中国购车第一人

图 3-2　袁世凯购买的生产于 1898年的美国杜里埃汽车

1902 年，直隶总督袁世凯花 1 万两白银购置了一辆生产于 1898 年的美国杜里埃汽车（图 3-2）。这辆汽车的车身是木质敞开式的，与 18 世纪欧洲马车外形酷似；车厢内设两排座位，前排为驾驶人座位且只能坐一人，后排为乘客座位，可坐两人；车的前方镶嵌着铜质车灯；黄紫色木质车轮与辐条外裹着实心橡胶轮胎；车厢上方撑着一顶由四根立柱支起的车篷，四围缀有黄色穗带；横置式汽油发动机置于乘客座位的下方。汽车起动后，发动机动力通过变速器传递给后轴，从而带动汽车行驶。

3. 中国拥车第一人

1902 年 11 月，在慈禧太后的生日庆典上，袁世凯把他买的"洋车"送给了慈禧太后。慈禧太后在听到这辆车不要马拉、能自己跑时，立刻对这个"洋玩意儿"来了兴致，立即口谕"洋司机"当场开车。汽车当真在驾驶人的操作下"轰隆隆"地跑了起来，慈禧太后看了喜不自胜，便问道："这车跑得这么快，要吃许多草吧?"驾驶人答说："它不吃草，它烧油。"从此，慈禧太后成了中国第一个拥有汽车的人。

4. 中国开车第一人

慈禧太后有车了，可这"洋玩意儿"，除了"洋司机"，皇宫内外，举国上下，谁还能开呢? 于是，在李莲英的操办下，皇宫里中国第一届汽车驾驶班开班了。驾驶班里一名叫孙富龄的太监很快学会了开车，成为慈禧太后的御用汽车驾驶人。

一天，慈禧太后坐着孙富龄开的车出去玩，玩得很开心，于是她就赏赐孙富龄饮了一大碗酒。喝完酒继续开车的孙富龄头昏脑涨，当从胡同里突然窜出一个小太监站在汽车前面时，他心里慌乱，没及时停车，就把小太监给压死了。

事故之后，群臣就对这辆不吉利的车议论开来，有人向慈禧太后说道：一个开车的人竟然坐在您前面，实在有失体统。闻言，慈禧太后觉得颇有道理，便颁下旨意拆掉驾驶人座椅让孙富龄跪着开车。跪着开车手脚难以配合，再加上"车祸"的教训，孙富龄心有余悸，害怕一旦有个闪失，脑袋就要搬家。于是，他想了一个办法：谎称汽车坏了。从此，这辆汽车就搁置了起来。如今，它存放在北京市的颐和园内。

笔记区

故事二

中国现代造车第一人

1. 中国汽车筑梦人

最早提出要建立中国汽车工业的人是孙中山。他于 1912 年在江阴视察江防工作时曾做了"关于道路与自动车建设"的专题报告，指出修筑公路、开办长途客货汽车运输对货物流畅、便利交通、发展经济的重要作用。

20世纪20年代初，中国的土地上已不乏汽车的身影，但仍然没有自己的汽车工业。于是，孙中山先生拟定了中国的国际开发计划，欲借助国外资本以及先进的技术和管理来促进中国汽车业的发展。在他1920年发表的《建国方略》中这样讲道："最初用小规模，而后逐渐扩大，以供四万万人之需要。所造之车当合于各种用途，为农用车、商用车、旅行用车、运输用车等。一切车以大规模制造，实可较今更廉，欲用者皆可得之。"

1924年，孙中山先生致函美国福特汽车公司的亨利·福特先生，邀请他来中国考察并发展汽车事业。然而，孙中山先生还没能把这一事业发展起来就离世人而去了……

2. 中国造车第一人

（1）接受提议拟造车。

1928年，奉天迫击炮厂厂长李宜春等人提出"应国内需要，宜首先制造载重汽车"，这一观点得到张学良将军的赞许。张将军为了把这一建议落到实处，于是将奉天迫击炮厂改为辽宁迫击炮厂，同时附设民用品工业制造处，由民用品工业制造处负责造车计划。

（2）付诸实践出成果。

民用品工业制造处成立不久，张学良将军就给他们先后调拨了共计74万元作为研制汽车的费用。真可谓"功夫不负有心人"，1931年5月，民用品工业制造处传来了好消息——第一辆民生牌75型载货汽车（图3-3）诞生了。

图3-3 民生牌75型载货汽车

民生牌75型载货汽车的设计工作完全由民用品工业制造处自行完成。当时，国内在制造设备、制造工艺和材料方面落后于国际水平，因而该款汽车的发动机、后轴、电气装置和轮胎等部件均委托国外专业名厂依照民用品工业制造处自行设计的图纸加工。民生牌汽车的其他零部件均为自行制造。

（3）展览会上露头角。

1931年7月，民生牌75型载货汽车应邀送上海参加了展览会。在展会上，它受到了国民政府特派代表张群、事业部部长孔祥熙的高度评价。之后，辽宁迫击炮厂民用品工业处收到了特别指示：再生产15辆民生牌75型载货汽车，为当年"双十节"献礼！

（4）国难当头梦难圆。

1931年9月18日，"九一八"事变爆发了。随着战争的爆发，张学良将军

笔记区

创办民族汽车工业的雄心壮志也随之前功尽弃、毁于一旦。

同一时期，汤仲明、阎锡山、杨虎城、何应钦等人也尝试过建立中国自己的汽车工业。因时局动荡，国人建立自己的汽车工业梦想一直未能实现。

故事三
新中国第一车

1949 年，中国汽车保有量约 10 万辆，这些汽车可以说是"万国汽车"，就连新中国成立时国家主席毛泽东检阅部队乘坐的汽车也是美式军用吉普车。中华人民共和国成立后，中国汽车工业迎来了新的契机。

笔记区

1. 造出汽车终圆梦

（1）中国萌生造车意。

新中国成立后，国家领导人开始考虑筹建中国自己的汽车工业。1949 年 12 月，国家主席毛泽东应苏联最高领导人斯大林的邀请访问苏联时，参观了斯大林汽车厂。

1950 年，中苏两国政府商定，由苏联帮助中国建设一座综合性的汽车制造厂，该工程被确定为中国第一个五年计划期间苏联援建的首批重点工业项目。同年 3 月，在中国国家领导人的关怀下，由重工业部牵头成立了汽车工业筹备组。就此，中国的汽车工业起步了。

（2）众里寻他觅人才。

汽车工业筹备组由重工业部专家办公室主任郭力担任主任，孟少农、胡亮两位汽车专家担任副主任。汽车工业筹备组成立初期，全组人员总共不到 20 人。

面对一无人力、二无阵地、三无经验可循的民族汽车工业，汽车工业筹备组决定首先广纳人才。他们通过上级机关从各省市抽调了数百名领导干部，送到学校学习，为中国汽车工业培养各级党政储备领导干部；请各地政府招聘、输送曾从事过汽车修理工作的专业人员为中国汽车工业培养技术骨干；同时派人到各学校动员应届毕业生参与汽车工业建设。

1950 年 7 月，汽车工业筹备组在北京南池子 76 号成立了汽车试验室。这个被称为中国首个汽车研究设计部门的试验室为我国汽车工业培养了众多技术骨干。因此，它也被尊称为"中国汽车工业人才储备库"。

（3）建厂"协议"定目标。

1950年12月，苏联汽车拖拉机工业部委派的工厂设计专家小组总设计师沃罗涅斯基和设计师基涅谢夫到达中国。他们带来了苏联援助中国建设汽车制造厂的协议，确定帮助中国建造一座目标产能为3万辆的汽车制造厂。

汽车制造厂的名字最初被命名为"毛泽东汽车厂"，后来重工业部将其命名为"汽车工业筹备组六五二厂"。

（4）苏联帮忙做设计。

汽车工业筹备组六五二厂的工厂设计和车型设计工作均由苏联方面安排的专门部门完成。全苏汽车工业设计院承担了汽车厂的设计任务书、初步设计和技术设计；斯大林汽车厂负责承担了汽车制造厂的施工组织设计和汽车产品设计。

笔记区

1951年，苏联专家小组来华编写出汽车工业筹备组六五二厂设计计划任务书，完成了该厂的初步设计；汽车厂的技术设计则于1952年年底至1953年年初完成；1953年4月，苏联送来了汽车厂的建筑施工图纸和吉斯150载货汽车的设计图纸及整套技术资料。

（5）精挑细选定厂址。

为选定建厂地址，政务院财政经济委员会协同苏联专家做了大量的考察工作，进行厂址比选分析。认为：汽车制造厂建设在北京的拟建地址，存在着地点地面水位过高和钢材供给困难的难题；建设在西安，存在着电力供给不足、木材缺乏、运输不便的困难；建设在石家庄和湘潭，其工业条件比较薄弱……在否定第一轮调查结果后，专家们把汽车工业筹备组六五二厂厂址锁定在了矿产资源丰富、工业基础相对雄厚、交通较为便利的东北。

1951年3月，政务院财政经济委员会下文批示：汽车工业筹备组六五二厂厂址确定为长春市市郊孟家屯。因此，汽车工业筹备组六五二厂亦称长春汽车厂。1952年夏，汽车工业筹备组的两位负责人调到长春汽车厂工作；重工业部任命曾就学于哈尔滨工业大学的郭力为厂长；任命曾留学美国、就职于福特汽车厂的孟少农为副厂长。同年12月，第一机械工业部任命饶斌为长春汽车厂厂长，郭力改任副厂长兼总工程师，副厂长还有孟少农、宋敏之。不久，郭力去往莫斯科，负责国外设备订购和催交的组织领导工作。饶斌在厂内紧张地抓各项建厂筹备工作。

（6）主席号令建"一汽"。

1953年6月，国家主席毛泽东签发了《中共中央关于力争三年建设长春汽车厂的指示》。

1953年7月15日，吉林省长春市孟家屯举行了隆重的长春汽车厂建设奠基仪式。从此，长春汽车厂的建设正式启动了。又因毛泽东主席曾亲笔题写"第一汽车制造厂奠基纪念"，所以，长春汽车厂后更名为"第一汽车制造厂"。

（7）三年奋战迎"解放"。

为了完成三年建成第一汽车制造厂（简称"一汽"）的任务，一方面，当时全国各省、市、自治区都在人力、财力和物力等各方面给予了"一汽"最大支持；另一方面，苏联也提供了极大的帮助：约200个著名的机器制造厂承担了为"一汽"制造设备的任务，派遣了180多名教育、设计、土建、机械等各方面专家来"一汽"手把手地培训、指导中方人员；接受了8批共158名实习人员前往莫斯科学习汽车制造专业技术和管理经验。

1956年7月13日，总投资5.94亿元的国有特大型汽车生产企业——第一汽车制造厂——装配出了第一辆被命名为解放牌的载货汽车（图3-4）。它装备四行程六缸发动机，自重3.9吨，载重4吨，最大功率71千瓦，最高时速65千米。

a)第一辆解放牌载货汽车驶下生产线　　b)解放CA10型载货汽车实物图

图3-4　解放 CA10 型载货汽车

第一辆解放牌载货汽车的诞生，结束了中国不能制造汽车的历史，标志着中国汽车工业进入了历史新时期。

2. 自主轿车的献礼

（1）中国第一辆轿车。

在当时的条件下，第一汽车制造厂要制造轿车该从何做起呢？第一汽车制造厂厂长饶斌提出了轿车制造要"仿造为主，适当改造"。第一汽车制造厂领导们对技术部门的负责人及各技术科室专业人员做了调整，任命史汝楫为设计处副处长，负责轿车的研发。

1957年5月，第一机械工业部向第一汽车制造厂下达了设计生产轿车的任务；同年11月，样车的设计工作正式开始。

1958年5月12日，第一汽车制造厂试制的中国第一辆CA71型东风牌轿车（图3-5）下线了。CA为生产厂家"一汽"的代码，7为轿车编码，1表

笔记区

示第一代。

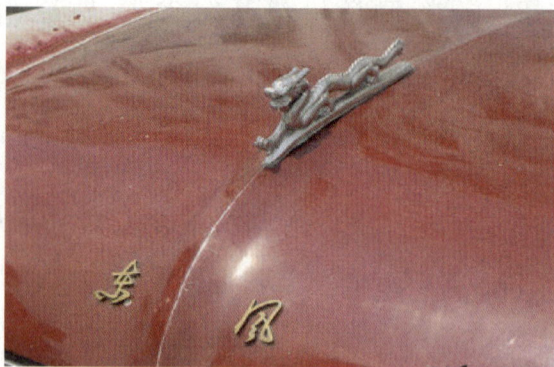

a)出厂时东风轿车的文字标志为"DONG FENG"

b)东风轿车最终标志

图3-5　第一辆东风牌轿车

东风牌轿车实际上只生产了30辆。虽然没能量产，但是，它是中国人自己设计并制造的第一辆汽车，为中国轿车事业的发展提供了很多实践经验，为中国自主汽车的发展写下了浓墨重彩的一笔。

（2）第一辆高级轿车"红旗"。

东风牌轿车的成功试制，圆了中国人的一个梦。但是，它属于普通型轿车，用它作为国家领导人"座驾"和国家礼仪用车显然不太合适。于是，1958年7月，第一汽车制造厂取消了生产东风牌轿车的计划，投入全部技术力量，设计生产新中国成立十周年庆典用高级轿车。

为了完成任务，厂长饶斌打破常规，采用"张榜招贤"的办法布置高级

图3-6　第一辆高级轿车

轿车的生产任务。"红旗"轿车的几千个零部件，瞬间就被各生产单位分抢而空。拿到任务的各单位夜以继日地工作。1958年8月1日，第一辆国产高级轿车驶出装配车间，沿着厂内中央大道经东风大街行驶了一圈，稳稳地停在了共青团花园会场。至此，中国第一辆高级轿车诞生了（图3-6）！

中国第一辆高级轿车被命名为红旗，车型编码CA72-1E。其含义是：第一汽车制造厂生产的第2代、第1次试制的轿车。该车样式美观、庄重、大方，内外装饰富有民族风格；配备V形八缸顶置气门发动机，最大功率148千瓦，最高车速为185千米/小时。

后来，"一汽"的设计师对红旗轿车做了5次系统的试验。5次试验后，红旗轿车定型样车被正式定型，生产型号为CA72。1959年国庆节前夕，第一汽车制造厂按照计划如期将首批质量过关的30辆红旗轿车送往北京，为中华人民

共和国成立十周年献礼。

故事四
争相入局齐造车

1. 汽车工业雏形之"一大四小"

（1）北京汽车制造厂（"北汽"）。

①井冈山牌轿车试制成功。1958年，第一汽车附件厂决定开始试制轿车。在党委书记冯克、厂长李锐的带领下，广大技术人员和工人凭着一股革命热情，开始了轿车的试制工作。1958年6月20日，第一辆轿车试制成功，被命名为井冈山牌（图3-7）。它的颜色为乳白色，长4100毫米，宽1560毫米，高1450毫米，搭载后置式四缸、四冲程风冷发动机，排量为1.192升，最大车速110千米/小时。到1960年，井冈山牌轿车累计生产154辆。

图3-7 北京第一汽车附件厂井冈山牌轿车试制成功

②挂牌建厂铸辉煌。1958年6月20日，第一汽车附件厂召开了庆功会；第一机械工业部宣布其更名为北京汽车制造厂；朱德亲笔为其题写了新厂名"北京汽车制造厂"、车名"井冈山"。7月27日，北京汽车制造厂召开了成立大会（图3-8），从此，北京市第一家汽车制造厂诞生了。

北京汽车制造厂堪称中国汽车工业的先驱和北京汽车工业的摇篮。1958年10月，其试制生产的井冈山牌轿车参加了国庆9周年群众游行；1960年4月，它试制出东方红牌轿车（图3-9）；1965年5月，它制造出第一辆BJ212越野车样车。

图3-8 北京汽车制造厂成立大会

（2）上海汽车制造厂（"上汽"）。

1958年5月，"一汽人"将自己制造的东风轿车送到了正在北京召开的党的八大二次会议的会场。中国有了自己的轿车！这一消息大大地激励了上海的"汽车人"，上海也要制造自己的轿车！

a) 轿车车标

b) 轿车整车造型

图 3-9　东方红牌轿车

上海第一辆轿车的试制采用的是"大联合"的生产方式，当时最有实力的工业企业都参与其中。

上海最有实力的工业企业都领到了一个相关部件的攻关生产任务。上海汽车底盘配件厂完成了悬架、转向器、前减振器、传动轴、制动器等 18 个总成的生产；上海内燃机配件厂试制出发动机；上海郑兴泰汽车机件制造厂试制出变速器和螺旋伞齿轮；上海汽车装配厂完成了车身制造和整车组装。

1958 年 9 月 28 日，上海第一辆中高级轿车在上海汽车装配厂试制成功了。这辆轿车有个响亮的名字——凤凰牌，最高时速为 105 千米，到 1960 年年底共生产了 18 辆。

三年困难时期（1959—1961 年），凤凰牌中高级轿车停产。1963 年，上海的轿车工业重新启动。工人们通过技术攻关，为轿车重新设计了一颗六缸的"心脏"；完善了生产工艺，制成了成套的冲模设备，结束了手工敲定车身的落后生产方式。经过"洗礼"的凤凰牌轿车，于 1964 年更名为上海牌轿车，车型编号为 SH760（图 3-10）。

到 20 世纪 80 年代，上海市是中国普通轿车的唯一生产基地，上海牌轿车也是中国普通公务车和国宾接待的主力车型，在中国汽车历史上有着光辉的一页。

（3）南京汽车制造厂（"南汽"）。

南京汽车制造厂的历史始于 1947 年。它的前身是中国人民解放军华东野战军特种纵队修理厂，于 1947 年 3 月 27 日在山东临沂地区耿家王峪成立，随军转战；1949 年 7 月 13 日，南京接管"四〇一厂"，并于 1950 年 1 月成立了三野特纵后勤修配总厂；1958 年 3 月 10 日，三野特纵后勤修配总厂成功地制造出了中国第一辆轻型载货汽车（2.5 吨），将其命名为跃进牌 NJ130 型汽车（图 3-11）的同时，国家于 1958 年 6 月 10 日正式批准其更名为南京汽车制造厂。跃进 NJ130 型汽车投产后，成为当时我国轻型载货汽车的主力车型。

图 3-10　上海牌小轿车

图 3-11　跃进牌 NJ130 轻型载货汽车

（4）济南汽车制造厂。

济南汽车制造厂（现中国重型汽车集团有限公司，简称"中国重汽"）始建于 1930 年，于 1935 年 6 月更名为济南车机厂，于 1953 年更名为济南汽车配件厂。1958 年 8 月，济南汽车配件厂更名为济南汽车制造厂。1960 年 4 月，济南汽车制造厂成功试制出中国第一辆重型汽车——黄河牌 JN150 型 8 吨载货汽车，结束了中国不能生产重型汽车的历史。

到 1966 年，我国汽车工业已经形成"一大四小"5 个汽车制造厂，年生产能力接近 6 万辆、7 个车型品种（表 3-1）。1965 年年底，全国民用汽车保有量近 29 万辆。其中，国产汽车 17 万辆（第一汽车制造厂累计生产 15 万辆）。经历 15 年的发展，我国汽车工业的雏形形成了。

"一大四小"汽车企业及产品　　　　　　　表 3-1

类别	企业	产品
"一大"	第一汽车制造厂	解放牌 CA10 中型载货汽车 解放牌 CA30 中型越野汽车 红旗牌高级轿车
"四小"	北京汽车制造厂	北京牌 BJ212 轻型越野汽车
	上海汽车制造厂	上海牌 SH760 中级轿车
	南京汽车制造厂	跃进牌 NJ130 轻型货车
	济南汽车制造厂	黄河牌 JN150 重型货车

2. "三线建设"促汽车工业发展新机遇

20 世纪 60 年代初，我国工业的 70% 集中在东南沿海。出于国防战备和调整工业布局的考虑，中央决定展开大规模的备战备荒为人民"三线建设"。1964 年 8 月，沉睡的深山戈壁被唤醒，大批的国营工厂从"一线"迁往"三线"。许多工人、技术人员告别城市，走进大山。三线建设自然离不开汽车，建设新的汽车厂成了当务之急。

（1）第二汽车制造厂（"二汽"）。

早在 1952 年年底，在第一汽车制造厂建设方案确定以后，国家就拟定了

笔记区

"要建第二汽车制造厂"的计划。

1965年4月10日，第一机械工业部党组正式向党中央报告，建议在第三个五年计划期间，在内地建设一个能生产1~8吨的各种载货汽车的中型汽车生产基地。

1965年9月，随着川汉铁路线修建计划的变更，"二汽"选址的重点确定为湖北西北部地区。

1969年年初，在湖北省十堰市召开了"二汽"建设现场会议，成立了第二汽车制造厂建设总指挥部。下半年，十万建设大军陆续进入十堰基地；9月28日，第二汽车制造厂大规模建设正式拉开序幕。

图3-12　1978年款东风EQ140 5吨载货汽车投入生产

图3-13　红岩CQ260重型越野汽车

图3-14　作为坦克拖车的红岩CQ261重型越野汽车

1975年6月，第二汽车制造厂第一个基本车型东风2.5吨越野车投产；1978年第二汽车制造厂第二个车型——东风EQ140 5吨载货汽车（图3-12）投入生产。

（2）四川汽车制造厂。

四川汽车制造厂是我国第一个重型军用越野汽车生产基地。

1965年，四川汽车制造厂成立，选址重庆市大足县（今重庆市大足区），负责生产10吨以上的重型军用越野汽车。1966年6月15日，四川汽车制造厂与法国贝利埃汽车公司合作，引进军用重型汽车的设计、制造技术，通过消化吸收完成了两辆红岩CQ260重型越野汽车（图3-13）的生产。1968年改型为红岩CQ261（图3-14）并量产成为军用装备。

（3）陕西汽车制造厂。

陕西汽车制造厂始建于1968年，厂址设在陕西省宝鸡市岐山县蔡家坡麦李西沟。1968年12月底，陕西汽车制造厂试制成功第一辆样车，经过三次改造于1974年最终定型。

1975年，陕西汽车制造厂的延安SX250重型越野卡车（图3-15）正式量产并走入了军营。

3. "大打矿山之仗"促矿用汽车发展

20世纪60年代中后期，国家提出"大打矿山之仗"的策略，矿用自卸车（图3-16）成为其重点装备，上海32吨试制成功投产之后，天津15吨、常州15吨、北京20吨、"一汽"60吨（后转本溪）和甘肃白银42吨电动轮矿用自卸车也相继试制成功投产，满足了冶金行业采矿生产装备需要。

图3-15　延安 SX250 重型军用越野卡车

图3-16　上海32吨矿用自卸车

4. "地方"建设汽车厂

20世纪60年代后期，我国提出调动地方生产积极性、建设地方工业体系的方针。全国各省、自治区（除西藏）均建设汽车制造厂，有的省建设了八九个。地方的汽车厂均以仿制国产汽车为主，这些厂技术水平低、规模小，形成了汽车生产企业"小而全"的局面。

20世纪70年代末期，我国汽车年产量为22万辆，汽车制造厂为56家，汽车行业企业总数为2379家，从业人员为90.9万人，汽车工业总产值88.4亿元。

故事五

汽车强国梦

1. 合资生产实现中国汽车工业质的飞跃

1978年，中国共产党召开了十一届三中全会。全会的中心议题是把全党的工作重点转移到社会主义现代化建设上来，作出了实行改革开放的新决策。

（1）中外合作"北汽"首尝鲜。

1979年元旦，中国与美国正式建立了外交关系。之后不久，美国汽车公司

图3-17　中美双方第一次会谈的"北汽"办公楼

副总裁克莱尔一行来到北京，在"北汽"的办公楼（图3-17）里，就汽车合作进行了第一次会谈。经过四年半的艰难谈判，中美双方于1983年5月5日举行了正式的签约仪式。

1984年1月15日，中美合资经营的"北京吉普汽车有限公司"正式挂牌营业了。这也标志着中国汽车工业迈出了与国际接轨的第一步。

（2）合资生产成中国汽车工业主旋律。

1983年9月，第一部《中华人民共和国中外合资经营企业法实施条例》颁布。1984年，中国把汽车工业作为支柱产业。从20世纪90年代开始，合资生产汽车成为中国汽车制造的主流。

在沿海，上海汽车制造厂与"德国大众"合作成立"上海大众汽车制造厂"以后，又与"美国通用"成立了"上海通用汽车有限公司"，一跃成为全国最大的轿车生产基地；在东北，第一汽车制造厂与"德国大众"合资成立"一汽大众汽车有限公司"后，又与"日本丰田"开始走向全面合作；在内地的第二汽车制造厂，与"法国雪铁龙"合作之后，又走向了与"雷诺""日产"等更深层次的合资。此外，"广东"与"日本本田""重庆"与"美国福特""北京"与"戴—克集团""南京"与"菲亚特"……中国汽车工业进入全面开放阶段，合资企业开始成为中国汽车工业的重要组成部分。

2. 汽车"飞入"寻常百姓家

20世纪80年代，中国汽车工业仍然大大落后于欧洲、美国、日本等，然而，经过许多汽车前辈们的努力，它终于茁壮成长起来……

（1）自主品牌寻机遇。

①看准市场，"吉利"勇攀登。在浙江，有这样一个人，他开过照相馆、回收过废金银、生产过电冰箱、涉足过装修材料行业、搞过房地产，1994年进入摩托车行业，这个人就是李书福。在看到汽车市场的火爆后大胆涉足，并在1996年5月成立了吉利集团有限公司，走上了发展汽车之路。

1998年8月8日，吉利集团有限公司生产的第一辆汽车"吉利一号"在浙江临海市诞生，但由于当时政策原因，它最终没能正式投产。

②不甘示弱，"奇瑞"亦争锋。1996年，尹同跃辞去"一汽大众"总装车间主任兼物流科科长之职，回到安徽老家。他要为一条已经在露天摆放了一年多的生产线，找个安身之所。这条生产线是当地政府为了"951工程（发展汽

车)"，从国外购买的生产汽车发动机的生产线。

1997 年 1 月 8 日，奇瑞汽车股份有限公司成立。在尹同跃的主持下，厂房建起来了，发动机生产出来了。1999 年 12 月 18 日，一辆刚刚组装完成的轿车吸引了在场所有人的目光，这辆披红挂彩的轿车就是"奇瑞"生产的第一辆轿车（图 3-18）。那一刻，坐在副驾驶人位置的尹同跃和奇瑞汽车股份有限公司的所有员工都为几年来的艰辛努力而欢呼庆祝。

图 3-18　奇瑞第一辆汽车

问题接踵而至，由于政策的限制，汽车不能进入市场公开销售。无奈之下，"奇瑞"挂靠"上汽"集团才获得了生产汽车的许可。

（2）中国轿车进入亿万家庭。

2001 年，鼓励轿车进入家庭被正式写进了中国的第十个"五年计划"。同年年底，历经 15 年艰辛的谈判，中国正式加入世界贸易组织。几乎同时，"吉利""奇瑞"等自主品牌汽车也获得了国家的生产许可。

"吉利"在获得生产许可之后，迅速推出了第一款量产汽车——"吉利豪情"（图 3-19），当时售价 4.79 万元。"奇瑞"也向市场推出了它生产的第一款轿车，上市以后反响极大。

图 3-19　吉利推出的第一款量产汽车——"吉利豪情"

一辆辆自主品牌汽车上市后，对市场形成了强大的冲击。历经十年的奋斗与进取，到 2010 年，中国的自主品牌在市场份额达到 40%，汽车逐步进入了亿万中国家庭！

3. 让世界见证中国力量

（1）汽车产销量蝉联世界冠军。

2008 年，席卷全球的金融海啸给世界汽车工业带来了前所未有的重创。"通用"和"克莱斯勒"申请破产保护、"丰田"遭遇 71 年来首次巨额亏损、俄罗斯新兴的汽车市场受到沉重的打击。

中国却是另一番景象。在全球汽车市场萎缩的情况下，2009 年 10 月，中国汽车年产销量超过 1000 万辆，首次成为世界汽车产销大国。2024 年，中国汽车产销量超过 3100 万辆，保持了自 2009 年以来的世界汽车产销量最大（图 3-20）纪录。中国，正在成为引领世界汽车工业发展的强劲动力。

（2）汽车出口量逐年攀升。

中国汽车企业在高速发展的同时，并没有把目光局限在国内，而是努力开拓国际市场。2003 年起，中国汽车出口量几乎每年都增长，2024 年创历史新高，达到 585.9 万辆（图 3-21），同比增长 19.3%，进一步巩固第一大汽车出口国地位。

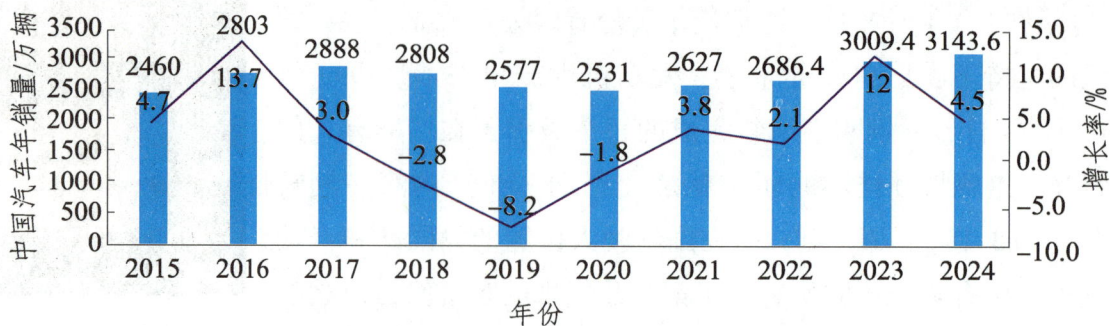

图 3-20　2015—2024 年中国汽车年产销量及增长率

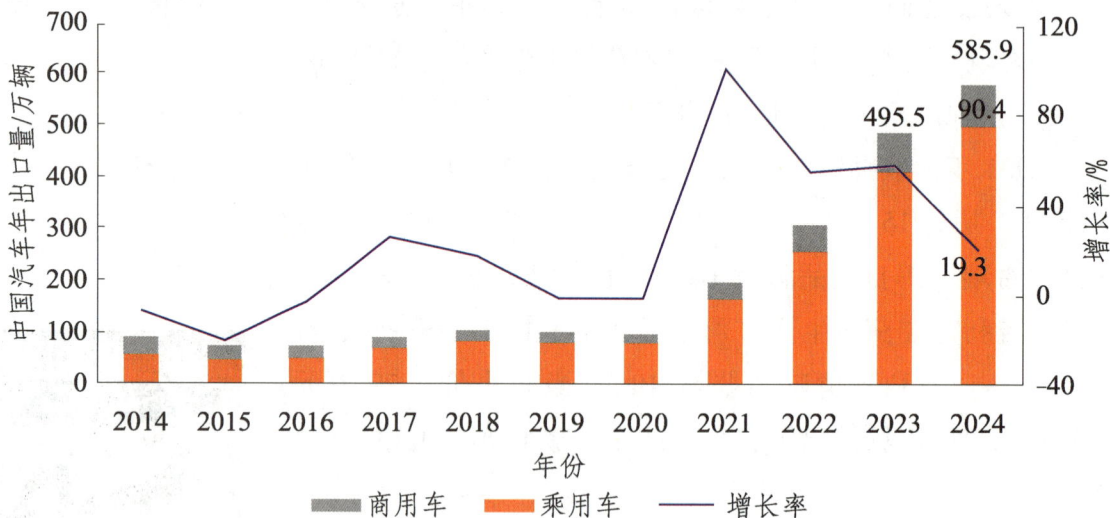

图 3-21　2014—2024 年中国汽车年出口量及增长率

（3）新能源"赛道"践奇迹。

面对能源紧缺、气候变暖、城市空气污染等诸多挑战，汽车产业作为关系国计民生、能源消耗和碳排放的重点产业，受到世界各国的普遍关注，新能源汽车已成全球汽车产业转型发展的主要方向。2000 年，新能源汽车被列入我国"863 计划"。

目前，我国新能源汽车已进入规模化快速发展新阶段。2022 年 4 月起，比亚迪宣布停止传统燃油汽车的整车生产，专注于纯电动和插电混合动力汽车业务，更成为全球首家 100%"去燃油化"的传统车企。此外，"一汽""北汽""长安""奇瑞""理想"等 12 家车企均已明确宣布新能源汽车相关战略或市场销售计划。

技能训练

绘制"汽车工业中国路"

（1）分小组收集中国汽车工业发展资料，绘制中国汽车工业发展历程图；

（2）各小组展示中国汽车工业发展历程图，并讲解中国汽车工业发展现状；

（3）师生讨论、点评，并总结知识点。

📄 单元小结

　　七十余年春华秋实，七十余年历史变迁，中国汽车工业从无到有，由小到大。从生产货车到生产高级轿车，从单一的自主品牌到合资品牌，再到自主品牌的全面崛起和升级。中国已成为全球最大汽车消费市场；中国汽车工业真正实现了历史的跨越；中国正以超乎想象的速度成为车轮上的国家。

📝 思考与练习

（一）填空题

1. "中国第一车"是袁世凯 1902 年购买来献给了＿＿＿＿＿。

2. 中国汽车工业的先驱，第一汽车制造厂于＿＿＿＿＿年 7 月 15 日举行奠基典礼。

（二）判断题（对的画 "√"，错的画 "×"）

1. 中国第一辆自制汽车是民生牌。　　　　　　　　　　　（　　）

2. 四川汽车制造厂是我国第一个重型军用越野汽车生产基地。（　　）

3. 1957 年 7 月 13 日，第一辆 "解放" 牌载货汽车诞生。　（　　）

（三）简答题

中国自己制造的第一辆汽车是什么品牌？它是由谁、何时制造的？

笔记区

慧眼识车

学习目标

◎ 知识目标

1. 了解车辆识别代码的含义；

2. 了解不同类别汽车的特点；

3. 掌握汽车的功能及组成。

◎ 技能目标

1. 能识别汽车主要零部件，描述其功用与结构特点；

2. 能分析汽车代码及车辆识别代码中数字和字母的含义。

◎ 素养目标

1. 树立遵守汽车相关法律、法规的意识，增强法治观念；

2. 主动探究专业知识，激发专业学习兴趣。

建议课时

4 课时。

    汽车是由动力驱动、具有四个或四个以上车轮的非轨道承载的车辆，包括与电力线相连的车辆（如无轨电车）；主要用于载运人员和/或货物（物品）、牵引载运货物（物品）的车辆或特殊用途的车辆以及专项作业车。汽车还包括由动力驱动、非轨道承载的三轮车辆：整车整备质量超过 400 千克、不带驾驶室、用于载运货物的三轮车辆；整车整备质量超过 600 千克、不带驾驶室、不具有载运货物结构或功能且设计和制造上最多乘坐 2 人（包括驾驶人）的三轮车辆；整车整备质量超过 600 千克的带驾驶室的三轮车辆。由于汽车家族过于庞大，所以，人们制定了很多标准来帮助汽车家族分类。每一辆汽车都拥有一张不同的"脸"，拥有一颗不同的"心脏"，甚至汽车也像人类一样，拥有属于自己的"身份证"……

故事一

汽车家族

在汽车家族里，有像乘用车这种庞大的家族分支，也有像 SUV 一样在近几十年里才被创造出来的新品种。下面根据《机动车运行安全技术条件》（GB 7258—2017）中汽车的分类来介绍汽车的家族。

1. 载客汽车

载客汽车主要用于载运人员，包括装置有专用设备或器具，但以载运人员为主要目的的汽车。

（1）乘用车。

乘用车家族的车上座位可不多，包括驾驶人在内，座位数最多不超过九个。

①轿车。"轿车"一词的由来是因为当时进入我国的汽车形状类似中国的轿子，车轮上架一个方篷，因此称之为"轿车"。

一般轿车强调的是舒适性，以乘员为中心。我国把轿车分成微型轿车（排量为 1 升以下）、普通级轿车（排量为 1.0 ~ 1.6 升）、中级轿车（排量为 1.6 ~ 2.5 升）、中高级轿车（排量为 2.5 ~ 4.0 升）和高级轿车（排量为 4 升以上）。

②SUV。SUV（Sport Utility Vehicle）中文名字是运动型多用途汽车。别看它出现的时间晚，可是越来越受人们的喜爱。

SUV 的前身是由 Station Wagon（旅行车）和 Jeep（吉普）混合演变了近 30 年，于 20 世纪 80 年代在美国形成的。20 世纪 40—50 年代出现的旅行车（图 4-1），是把三厢车的行李舱拉直改为车体的一部分，增加一排座椅和加大载货量，使全家老小可以一起长途旅行。由于其车身构造于大梁之上，使其稳定、抗震、抗拉比其他车辆都要强大，使得人们不单单只想开着一辆车去度假，更要把他们的旅行房车拖着，把他们的钓鱼快艇和他们心爱的哈雷摩托拉着，以及他们的家人在周末或节假日可以穿州过省地去完成他们的综合性长途旅行度假。

这样就给美国的各大汽车生产厂家提供了新的课题，如何为市场开发设计一款既有旅行车的载客量和宽大的空间，又有像吉普车那样的车身构造，在大梁之上可牵引的多用途车辆呢？在 SUV 还没有开发出来之前，上述两种功能还

笔记区

是由皮卡（轻型卡车）代替。可人们总认为皮卡只适合在郊外行驶，开着它上班，总有些别扭和不时尚。在1991年年底，吉普推出其最高级车款——大切诺基，六缸、4000毫升、133千瓦、牵引力约达2.5吨。同时，加上强大的广告攻击，人们开始在皮卡和旅行车之外，找到一款既有私家车的美观舒适，又具有越野车的防滑性能和可牵引式多功能集于一身的新型车种，这就产生了我们现在见到的运动多用途车辆——SUV（图4-2）。

图4-1 旅行车

图4-2 运动多用途车辆——SUV

③越野车。美国威利斯MB军用车（图4-3）是现代越野车的鼻祖。越野车由于四轮驱动，较高的底盘、较好的抓地性的轮胎、较高的排气管、较大的马力和粗大结实的保险杠，颇受人们的欢迎。

1947年，陆虎汽车公司在英格兰中部集中了一批技术精英，开始设计自己的越野车。

经过一年的努力，第一辆兰德·陆虎（图4-4）终于登场。随后，陆虎公司的产量日益扩大，车型也越来越多，并获得了"越野之王"的美称。

图4-3 威利斯MB军用车

图4-4 兰德·陆虎

陆虎的成功使世界众多的汽车厂商发现生产越野车有利可图。于是，在20世纪60年代末，丰田、日产、三菱和奔驰等纷纷开发越野车。但是，在这些越野车中，若论走烂路、险路，或本没有路去创造路的能力而言，一是英国罗孚汽车公司生产的陆虎越野车，二是美国悍马牌越野车，三是美国克莱斯勒公司生产的大切诺基，四是日本丰田公司生产的陆地巡洋舰。

④MPV。早在1977年，当时经营状况不佳的克莱斯勒就秘密启动了"T-115工程"，开始厢式旅行车的研发，直到1983年11月，克莱斯勒第一款（也

是全球第一款）厢式旅行车现身市场。当时这款车被分别命名为普利茅斯·捷龙（图4-5）和道奇·卡拉万。在北美的广告中，克莱斯勒将其称为"神奇的旅行车"，这种"神奇的旅行车"就是MPV的开山鼻祖。

MPV（Multi-Purpose Vehicles）即多用途车，是从旅行轿车逐渐演变而来的。它集旅行车宽大乘员空间（图4-6）、轿车的舒适性和厢式货车的功能于一身，一般为两厢式结构。

图4-5　普利茅斯·捷龙

图4-6　可变的空间

（2）旅居车。

旅居车是指装备有睡具（可由桌椅转换而来）及其他必要的生活设施、用于旅行宿营的汽车，就是我们常说的"房车"（图4-7）。

现在越来越多的人喜欢旅居车，喜欢其带来的无拘无束的生活。作为一款休闲车，它最大的优势是舒适性和方便性。

图4-7　旅居车

（3）客车。

客车是指主要用于载运乘客及其随身行李的汽车，包括驾驶人座位在内座位数超过9个。根据是否设置有站立乘客区，分为设置乘客站立区的客车（图4-8）和未设置乘客站立区的客车（图4-9）。

（4）校车。

用于有组织地接送3周岁以上学龄前幼儿或接受义务教育的学生上下学的7座以上的载客汽车即为校车。

早在汽车发明之前，美国就有了专门接送学生的马拉校车。第一个生产校车的公司叫作Wayne Works，其在1837年就开始生产一种可以乘坐25个小孩子、专门用来接送学生的马车。在汽车发明后，Wayne Works在1914年将这种马车的车厢装到汽车底盘上，于是就发明了动力驱动校车（图4-10）。

（5）专用乘用车。

专用乘用车是专门设计的或在轿车、运动型乘用车、越野乘用车、多用途

笔记区

乘用车的基础上后续制造和改装形成的，主要用于载运特定人员，具有完成特定功能所需的特殊车身和/或装备的其他乘用车，例如防弹车、救护车、殡仪车等。

图 4-8 设置乘客站立区的客车内部

图 4-9 未设置乘客站立区的客车内部

图 4-10 早期的校车

2. 载货汽车

日常生活中，人们常将载货汽车称为"卡车"（图 4-11）。载货汽车是指主

图 4-11 载货汽车

要用于运送货物的汽车，有时也指可以牵引其他车辆的汽车。绝大部分货车都以柴油作为动力来源，但有部分轻型货车使用汽油、石油气或者天然气。人们习惯用载货质量来对载货汽车家族分类，一般有微型

（1.8 吨以下）、轻型（1.8～6 吨）、中型（6～14 吨）、重型（14 吨以上）四类。最大设计速度小于或等于 50 千米/小时的三轮汽车和最大设计速度小于 70 千米/小时的低速载货汽车也属于载货汽车。

想一想

为什么轿车按照排量分类，而载货汽车按照载货质量来分类？

3. 专项作业车

专项作业车是装置有专用设备或器具，在设计和制造上用于工程专项（包括卫生医疗）作业的汽车，我们常见的汽车起重机、消防车（图4-12）、混凝土泵车、清障车、高空作业车、扫路车、吸污车、钻机

图4-12　专项作业车——消防车

车、仪器车、检测车、监测车、电源车、通信车、电视车、采血车、医疗车、体检医疗车等都属于专项作业车。

4. 气体燃料汽车

装备以石油气、天然气或煤气等气体为燃料的发动机的汽车即气体燃料汽车。

5. 两用燃料汽车

具有两套相互独立的燃料供给系统，且两套燃料供给系统可分别但不可同时向燃烧室供给燃料的汽车即两用燃料汽车。如汽油—压缩天然气两用燃料汽车（图4-13）、汽油—液化石油气两用燃料汽车等。

6. 双燃料汽车

具有两套燃料供给系统，且两套燃料供给系统按预定的配比向燃烧室供给燃料，在缸内混合燃烧的汽车即双燃料汽车。如柴油—压缩天然气双燃料汽车；汽油—液化石油气双燃料汽车（图4-14）等。

图4-13　汽油—压缩天然气两用燃料汽车

图4-14　汽油—液化石油气双燃料汽车

7. 纯电动汽车

由电机驱动，且驱动电能来源于车载可充电能量储存系统的汽车即纯电动汽车。

8. 插电式混合动力电动汽车

具有可外接充电功能，且有一定纯电驱动模式续驶里程的混合动力汽车即插电式混合动力电动汽车（图4-15），包括增程式电动汽车。

笔记区

9. 燃料电池电动汽车

以燃料电池作为主要动力电源的汽车即燃料电池电动汽车（图4-16）。

图 4-15　插电式混合动力电动汽车

图 4-16　燃料电池电动汽车

10. 教练车

专门从事驾驶技能培训的汽车即教练车（图4-17）。

11. 残疾人专用汽车

在采用自动变速器的乘用车上加装符合标准和规定的驾驶辅助装置，专门供特定类型的肢体残疾人驾驶的汽车（图4-18）。

笔记区

图 4-17　教练车

图 4-18　残疾人专用汽车内部

故事二

打开汽车看奥妙

尽管汽车的外形千变万化、新技术层出不穷，但每一辆汽车依然遵循着相同的基本架构。传统燃油车与新能源汽车有着相同的核心系统：动力系统、底盘、车身，以及电气设备。

传统燃油汽车通常由发动机、底盘、车身和电气设备四部分组成。而电动汽车的构成包括驱动、行驶装置；车身、底盘；电气装置及部件，以及指示器信号装置。

1. 汽车的"心脏"

（1）传统燃油汽车的"心脏"。

发动机是传统燃油汽车的动力装置，是汽车整体布置最重要的组成部分。现代发动机在汽车中的位置可依其布置形式分为前置、中置和后置三种。

① 前置。发动机前置前驱（图4-19）是现代汽车最为流行的布置形式之一。意思是发动机置于车的前部，由汽车的两个前轮驱动汽车行走。好处是省去了传动轴，节省了成本，减少了动力损耗，同时，车内后排地板中间也不会有凸起，提高了乘坐舒适度。

打开汽车
看奥妙

图 4-19　前置前驱

笔记区

前置后驱（图4-20）是传统的一种布置形式。相比前驱，前置后驱车的前轮只负责转向，后轮负责驱动，加速能力强，四轮负荷平均，稳定性好。

前置四驱（图4-21）是一种在轿车上比较少见，但在越野车上非常常见的驱动形式。配有全时四驱功能的车无论在任何路况下，四个车轮同时驱动可以带来最好的抓地力，达到最高的稳定性。

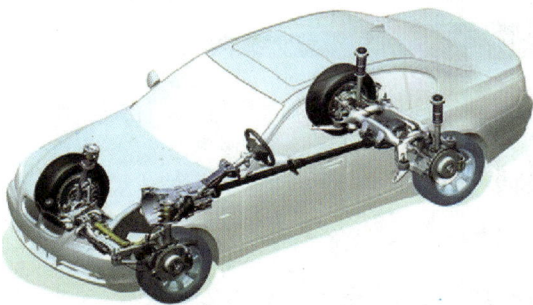

图 4-20　前置后驱

图 4-21　前置四驱

② 中置。如果在汽车的头部找不到发动机，就去汽车中部和后部找找看。

中置后驱（图4-22）一般用于跑车，比如保时捷和法拉利。好处在于发动机位于车身中间，车子的前后配重达到理想的1∶1，这样车子四轮抓地力基本相同，前后质量也接近，提高了高速行驶的稳定性以及高速过弯的能力。中置四驱则出现在类似于奔驰SLSAGM这类跑车上，目的是达到最高的稳定性。

知识链接：

抓地力指轮胎与路面之间的摩擦力，这种摩擦力使轮胎能提供足够的驱动

燃油汽车
结构

新能源汽车
结构

力，确保车辆在各种路况下稳定行驶。抓地力的大小取决于轮胎与路面之间的摩擦系数，摩擦系数越大，抓地力越强。

③后置。后置后驱（图4-23）这种传动模式刚好与前置前驱相反，所有的动力总成都集中在车身的后部，令重心集中于后方。采用这种传动模式的已经量产的车型且最有名的是保时捷911车系。

图4-22　中置后驱

图4-23　后置后驱

笔记区

（2）纯电动汽车的"心脏"。

纯电动汽车的"心脏"彻底颠覆了传统燃油车的动力架构，以动力蓄电池系统作为新能源汽车的能量储存中心（图4-24），主要由单体蓄电池、蓄电池模组、蓄电池包、蓄电池管理系统、热管理系统以及高压配电单元组成。其中，单体蓄电池作为最基本的储能单元，通过串联和并联组成蓄电池模组，多个模组再集成为完整的蓄电池包。蓄电池管理系统负责实时监控电池状态，热管理系统确保电池工作在适宜温度范围，高压配电单元则负责电能的分配与管理。

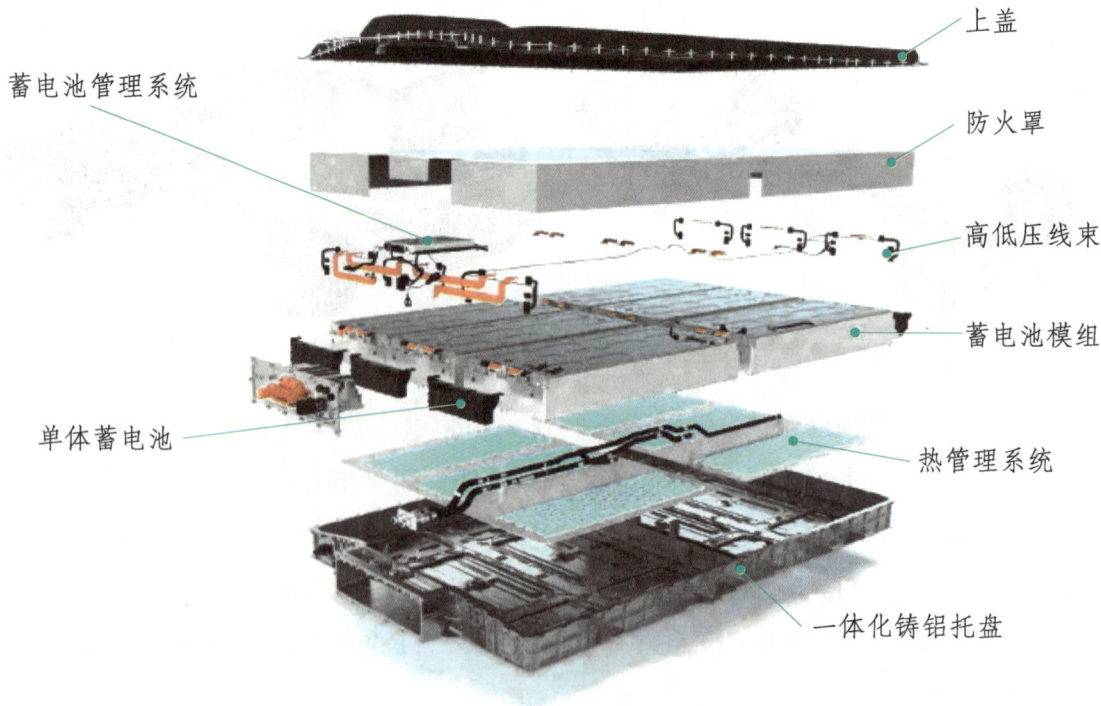

蓄电池管理系统　　单体蓄电池

上盖　　防火罩　　高低压线束　　蓄电池模组　　热管理系统　　一体化铸铝托盘

图4-24　动力蓄电池系统

混合动力电动汽车的"心脏"是一个高度集成的复杂体系,内燃机与驱动电机通过精密耦合机构并联驱动,智能控制系统实时优化动力分配。

燃料电池系统(图4-25)是燃料电池电动汽车的"心脏",主要由燃料电池电堆、供氢系统及电力管理系统三部分构成。燃料电池电堆催化氢氧反应发电,其核心是数百个串联的单体蓄电池单元;供氢系统采用高压储氢罐配合精密的气体控制组件,确保氢气安全高效输送;电力管理系统则通过智能控制器协调能量分配,搭配锂离子蓄电池实现动态平衡。

图 4-25　燃料电池系统

2. 汽车的"手脚"

汽车底盘是传统燃油汽车的"手脚",是支撑、安装汽车发动机及其各部件、总成,并接收发动机的动力,使汽车产生运动,保证汽车正常行驶的关键部分,由传动系统、行驶系统、转向系统和制动系统四部分组成(图4-26)。

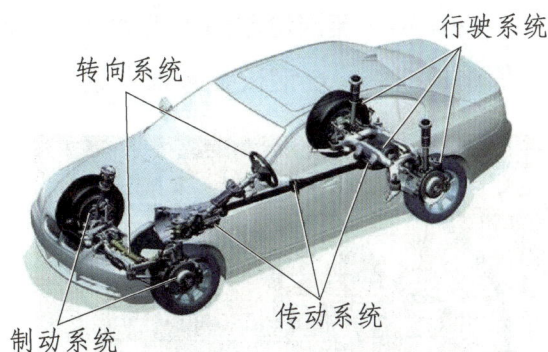

图 4-26　汽车底盘

(1)垂直变弯曲的转向系统。

130 多年前,最初在蒸汽汽车上安置的转向盘是装在垂直的转向柱上的,不利于驾车者的操纵且妨碍视线。1887 年,戴姆勒汽车公司修理工人为一辆"菲顿"版汽车进行大修时,吊车工人把修好的车身吊回装配之时,吊钩突然滑出,车身跌落在转向柱上,结果使转向柱从垂直位置上弯曲了好几度。大家

笔记区

意外地发现新的角度使转向盘不再操纵困难和妨碍视线了。到了1890年，戴姆勒汽车公司生产的"派立生"汽车就第一次装上了倾斜式的转向柱和转向盘。各国汽车公司纷纷效仿，使转向盘趋于定型，日臻完善。

（2）可变速的传动系统。

最早的汽车不但跑不快，而且只会前进不会后退。但自从变速器出现后，汽车就开始变得非常"听话"了。1894年，法国工程师路易斯·雷纳·本哈特和埃米尔·拉瓦索尔制造了第一辆使用变速器的汽车——本哈特—拉瓦索尔汽车。1904年，本哈特—拉瓦索手动操作滑动齿轮变速器被汽车界普遍采用，奠定了现代汽车传动系统的基础。

（3）减速停车的奥妙。

就在汽车行驶速度越来越快的时候，人们不得不开始思考另外一个问题：如何让汽车停下来。早期的汽车沿用的是马车的停车方式，但这种方法，显然控制不住汽车巨大的惯性。那时的制动器不仅非常容易磨损失控，斜坡停车也极不方便，而且汽车需要依靠三角垫木才能停稳。驻车性能已然是汽车战胜马车的又一障碍，人们需要的是一部能走也能停的机器。于是，人类的发明接二连三地应用在汽车上，比如1898年，美国的汽车首次采用了前轮盘式制动器；1911年，法国的标致公司设计出了第一辆四轮制动器汽车；1970年，德国的奔驰公司研制出模拟防抱死制动系统，使汽车在制动的时候，还能够保持操控的稳定性……

（4）带有弹簧的行驶系统。

早在18世纪，法国人便发明了使用一种扁平状的单片弹簧的钢质悬架系统，用在了当时的马车之上。在1763年，美国的特雷德韦尔获得螺旋弹簧悬架的专利。1804年，英国伦敦的奥巴代亚·艾略特发明了叶片弹簧悬架，但这种设计只是简单地把一块块钢板叠起来夹紧，再在两端与车子用钩环连接。1878年，法国勒芒的大阿米迪·博利发明了采用片簧做前轮独立悬架的装置。1886年，诞生的世界第一辆汽车的悬架系统采用的是马车的悬架系统，使用的是钢板弹簧作为弹性元件（图4-27）。

图4-27　第一辆车使用的是钢板弹簧

汽车在130多年的发展历程里，除了其外形幻化多端，汽车底盘技术的发展也是日新月异。这些汽车的"手脚"确保了汽车的正常行驶以及转弯、上坡、下坡、停止的稳定性，也满足了更多驾驶人的驾驶乐趣。

新能源汽车驱动与控制系统如同汽车的四肢，由以下三大核心部分协同工作，共同完成动力输出与车辆控制。

图 4-28　驱动电机系统

第一核心部分是驱动电机系统（图 4-28），它是车辆行驶的主要核心系统。既要实现驱动车辆行进的任务，还要在汽车制动或滑行时发电，具有回收能量的功能。

第二核心部分是线控执行系统。电动助力转向系统以毫秒级响应速度实现精准转向控制，线控制动系统集成能量回收功能，智能悬架系统实时调节车身姿态。这些子系统协同工作，既保证了操控的灵敏性，又提升了行车的安全性。

第三核心部分是底盘智能控制系统。整车控制器作为指挥中枢，可根据路况和驾驶需求，动态调整前后轴动力分配比例，在确保操控稳定性的同时优化能耗。

配合先进的扭矩分配算法，新能源汽车的驱动与控制系统展现出远超传统燃油车的响应速度和能量利用效率，为智能驾驶奠定了坚实基础。

3. 汽车的"身材"

单厢车（图 4-29）拥有一个大肚子，因为发动机舱、乘员舱和行李舱在一起，合为一个空间。说起单厢车，可能会感觉有点儿陌生，实际上就是面包车。单厢轿车在我国轿车主流车市上反应平平，不过随着自动驾驶时代的来临，单厢车又会找到自己的一席之地。

两厢车（图 4-30）的历史，实际上比三厢车更悠久。终结马车时代的第一辆汽车就是两厢车。1886 年，德国工程师卡尔·弗里特立奇·本茨发明的三轮机动车获得了专利权，这也就是大家公认的世界上的第一辆汽车。这辆车虽然没有车顶，但是看底盘结构，其为典型的两厢车：前面是乘客舱，后面是发动机舱，行李舱被忽略。毕竟当时这车行程很短，几乎没有行李可带。

笔记区

图 4-29　单厢车

图 4-30　两厢车

图 4-31 三厢车

图 4-32 汽车的"脸"

实际上，那时很多老爷车都是两厢车。直到汽车可以长途旅行，人们为了携带行李方便时，才在尾巴上增加了外挂的行李舱，并逐渐发展成为与车身一体的行李舱——三厢车（图4-31）出现了。

4. 汽车的"脸"

"车活一张脸"。形形色色的广告宣传册里无不把汽车的"俊脸"（图4-32）放在最显著的位置。不但如此，人们还把汽车的车灯比作炯炯有神的眼睛，把进气格栅看作人的鼻孔和嘴巴，颇有仿生设计的意味。

知识链接：

进气格栅是汽车前脸的重要组成部分，也被称为汽车水箱护罩。其主要功能包括保护水箱和发动机舱内的部件免受外部物体撞击、确保足够的空气进入发动机舱以维持发动机正常工作，同时起装饰作用，并具备进气和散热的功能。

最早的汽车没有脸谱之说，汽车设计师也都是工程师，没有美术师。大约从1910年后，汽车造型已从马车外观中脱离出来，设计者可以根据自己的喜好设计汽车造型，美学开始应用到汽车上，汽车设计师在车前"脸"大下功夫，都希望人们从汽车身旁走过时能一眼认出是什么牌子的车。

例如，劳斯莱斯的"宫廷立柱"（图4-33），布加迪的"拱形门"（图4-34）。

图 4-33 劳斯莱斯的"宫廷立柱"

图 4-34 布加迪的"拱形门"

5. 汽车的"皮肤"和"骨骼"

汽车和人类一样，"身材"由表皮下面的"骨骼"（架构）（图4-35）决定，而它的长相也由皮肤的品质决定。车身的轻量化，对车辆油耗、电耗、行驶里程、动力性、制动性等均带来有利影响。

前翼子板 A柱 B柱 C柱 后翼子板

车身覆盖件

车身结构件

a) b)

图4-35 汽车的皮肤和骨骼

6. 汽车的"中枢神经"

当今世界，由于电子技术的飞速发展，尤其是微型计算机的发展，使汽车的"中枢神经"由汽车计算机为核心的自动控制系统代替原来的纯机械控制部分，汽车发生了革命性的变化。

传统燃油车的控制系统（图4-36）以发动机控制模块为核心，配合多个独立控制单元组成。其中，发动机控制模块通过各类传感器实时监测运行状态，精确控制燃油喷射和点火时机，确保动力输出高效稳定。变速器控制单元负责换挡逻辑，与发动机控制模块协同工作。车身控制系统则管理车辆各类电气设备。这些控制单元通过车载通信网络相互连接，形成完整的控制体系，主要保证车辆动力性能和驾驶人平顺驾驶体验。

图4-36 传统燃油车的控制系统

笔记区

各种传感器

MCU 驱动电机控制器

VCU 整车控制器

动力蓄电池组

制动踏板 加速踏板

驱动电机

减速装置

图4-37 整车电控系统

整车电控系统（图 4-37）则是新能源汽车的"中枢神经"，以整车控制器为核心，包括车载充电机、电压转换器、各类传感器和执行机构等。该系统能够根据驾驶需求和车辆状态，制定最优控制策略，确保各系统协同工作。同时，其能管理充电过程，维持高低压电气系统的平衡，并具备完善的故障诊断和处理能力。

故事三

汽车 "身份证"

将自家汽车的牌照、行驶证复制到另外一辆外形完全相同的车上，原以为做得天衣无缝可以上路使用，没想到被查验交警通过小小的 VIN 码发现了破绽，查获了"克隆"车。

1. VIN 上的小破绽

VIN 是车辆识别代码的英文缩写，是汽车的"身份证"。

2014 年 8 月 14 日上午，交警北辰支队的 3 名查验交警在北仓道附近值勤时发现一辆黑色的大众帕萨特汽车，他们对这辆车的牌照、行驶证、驾驶人的驾驶证等都仔细检查了一遍，都没有问题，保险、年检也都是齐全的。

"所有手续都齐全，那么要检查的就是车窗下的 VIN 码。"交警刘××说，"VIN 码就像汽车的身份证，每辆车都不相同，十几位代码显示着汽车的'身份'"。果不其然，这辆帕萨特汽车的 VIN 码有问题。经仔细检查和鉴定后，最终确认，这辆各项手续都"齐全"的汽车是一辆被盗车。

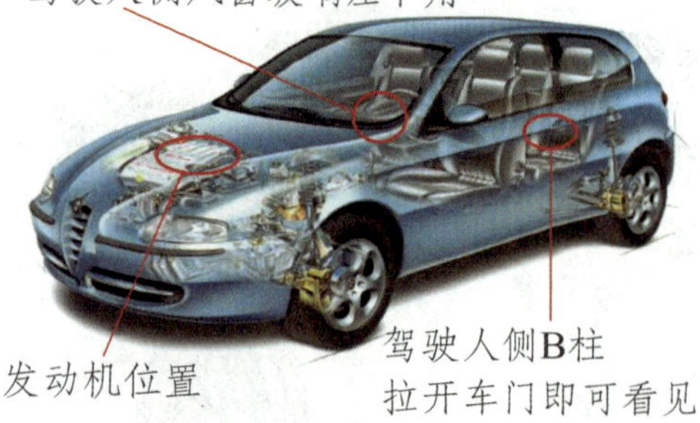

驾驶人侧风窗玻璃左下角

发动机位置

驾驶人侧B柱
拉开车门即可看见

图 4-38　VIN 常见位置

2. VIN 在哪里

仔细阅读一遍故事，会发现查验交警是在车窗下找到 VIN 码的。那么，是不是所有的汽车 VIN 码都可以在这里找到呢（图 4-38）？

VIN 标牌应固定在门铰链柱、门锁柱或与门锁柱接合的门边之一的柱子上，接近于驾驶人座位的地方；如果没有这样的地方可利用，则固定在仪表板的左侧。

如果那里也不能利用，则固定在车门内侧靠近驾驶人座位的地方。如果还没找到，只有在发动机舱里了（图4-39）。

VIN标牌的位置应当是除了车门外，不移动车辆的任何零件就可以容易读出。我国轿车的VIN码大多可以在仪表板左侧风窗玻璃下面（图4-40）找到。

图4-39　发动机舱内

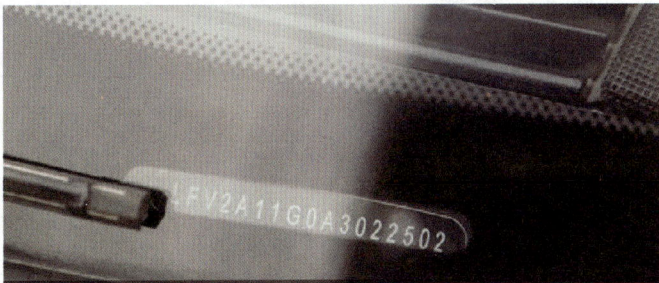

图4-40　风窗玻璃下

3. 警察如何发现端倪

警察是怎么发现蛛丝马迹的呢？原来，每辆车的出厂信息都是可以在机动车行驶证查询到的（图4-41）。

被偷盗的汽车，即使品牌、颜色甚至外形和原车的都一样，肉眼分辨不出来，可是被偷盗的车所拥有的"身份证"——VIN码，是与其"克隆"的车

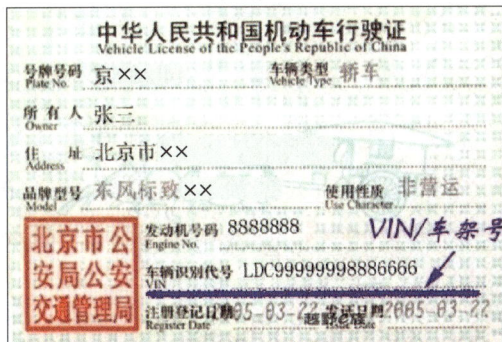

图4-41　机动车行驶证

不一样的另外一串数字和字母组合。所以，这辆被盗车就很容易被警察查出来了。

4. 汽车的VIN码

日常生活中，通过居民身份证号码可以读出很多个人信息。同样，汽车的VIN码也是暗藏了很多汽车的"隐私"。

VIN码由17位字符组成，所以俗称17位码。

（1）1～3位（WMI）：世界制造商识别代码，表明车辆是由谁生产的。

第1位表示汽车生产国，如：1、4、5表示美国；2表示加拿大；3表示墨西哥；6表示澳大利亚；9表示巴西；J表示日本；K表示韩国；L表示中国；S表示英国；T表示瑞士；V表示法国；W表示德国；Y表示瑞典；Z表示意大利。

第2位表示一个特定地区内的一个国家。美国汽车工程师协会（SAE）负责分配国家代码。

第3位表示某个特定的制造厂，由各国的授权机构负责分配。

笔记区

目前，将前三位字符合并表示的生产厂家可以在相关资料里直接查阅。

国产厂家常见 WMI 码如下：

LSW：上汽集团　　LCA：一汽集团　　LEQ：二汽集团　　LTJ：天津汽车

LSV：上海大众　　LFV：一汽大众　　LHG：广州本田　　LS5：长安汽车

（2）第 4~8 位（VDS）：车辆特征。

轿车：种类、系列、车身类型、发动机类型及约束系统类型；

MPV：种类、系列、车身类型、发动机类型及车辆额定总重；

载货车：型号或种类、系列、底盘、驾驶室类型、发动机类型、制动系统及车辆额定总重；

客车：型号或种类、系列、车身类型、发动机类型及制动系统。

（3）第 9 位：校验位，通过一定的算法防止输入错误。

（4）第 10~17 位（VIS）：车辆指示码。

第 10 位表示车型生产年份。

例如，某修理厂修理技师小张接到一辆丰田卡罗拉故障车，车主反映该车在行驶中突然熄火了，然后再也无法起动。小张需要使用诊断系统检查该车的具体故障码和数据流，用来排除故障。诊断系统进入界面后需要小张选择该汽车生产年份，小张在没有维修资料的情况下是怎么知道该车生产年份的呢？车型年份对照见表 4-1。

车型年份对照表　　　　　　　　　　　　　　　　　　表 4-1

代码	年份	代码	年份	代码	年份	代码	年份	代码	年份
F	1985	S	1995	5	2005	F	2015	S	2025
G	1986	T	1996	6	2006	G	2016	T	2026
H	1987	V	1997	7	2007	H	2017	V	2027
J	1988	W	1998	8	2008	J	2018	W	2028
K	1989	X	1999	9	2009	K	2019	X	2029
L	1990	Y	2000	A	2010	L	2020	Y	2030
M	1991	1	2001	B	2011	M	2021	1	2031
N	1992	2	2002	C	2012	N	2022	2	2032
P	1993	3	2003	D	2013	P	2023	3	2033
R	1994	4	2004	E	2014	R	2024	4	2034

在年份代码中仅能采用阿拉伯数字 1~9 和大写的字母 A~Z 表示。其中，字母 I，O，Q，U 及 Z 不能使用。

我们来看小张维修的这辆卡罗拉，VIN 码是 LFMAPE2C8C041418。从这个VIN 码，我们可以看到第 10 位数字是 C，代表该车生产年份是 2012 年。

第 11 位：装配厂。0 代表原厂装配。

笔记区

第 12～17 位：顺序号。一般情况下，汽车召回都是针对某一顺序号范围内的车辆，即某一批次的车辆。

由于 VIN 码构成复杂，日常使用中主要看 VIN 码的第 1 位字母和第 10 位数字（或字母）来辨别车辆，第 1 个字母说明生产国别，第 10 位数字（或字母）表示车辆生产年份，都是汽车评估中很实用的地方。

技能训练

对汽车构造的"你来比划我来猜"

（1）分小组收集汽车零部件资料；

（2）各小组派代表观察汽车零部件图片，通过比划来描述零部件位置、功用与结构特点等，小组其他成员猜汽车零部件名称；

（3）师生讨论、点评，并总结汽车构造知识。

单元小结

人靠衣装，车也要靠"车装"，漂亮的"长相"能最直接地吸引人们的眼球。然而，更重要的是漂亮"长相"下的"骨架"，因为它才是保护驾乘人员的关键。现在，汽车像其他新兴家用电器一样成为众多家庭追求的目标。

思考与练习

（一）填空题

1. 汽车底盘由_____、_____、_____和_____四部分组成。

2. VIN 车辆识别代码共有_____位。

3. "SUV"是_____汽车的缩写。

（二）判断题（对的画"√"，错的画"×"）

1. "MPV"是高级房车的缩写。　　　　　　　　　　　（　　）

2. 轿车、MPV、SUV 及客车都属于乘用车。　　　　　（　　）

3. 包括驾驶人座位在内最多不超过 9 个座位的汽车称为商用车。（　　）

（三）简答题

车辆驱动方式有哪些？各有什么特点？

笔记区

单元五

汽车大观园

学习目标

◎ **知识目标**

1. 了解世界著名汽车公司的发展史；
2. 了解世界著名汽车公司的创始人；
3. 掌握世界著名汽车品牌的商标及其含义。

◎ **技能目标**

1. 能列举世界著名汽车公司旗下汽车品牌和代表车型；
2. 能认识汽车商标，并说出其代表的含义。

◎ **素养目标**

1. 培养团队合作、敬业奉献、服务人民的精神；
2. 树立"跨越发展、争创一流，比学赶超、奋勇争先"精神。

建议课时

6 课时。

翻开时间的画卷，细数汽车品牌的发展历程，那一个个充满传奇的故事，一段段辉煌的历史，成为无数个永恒的经典。

故事一
汽车王国最璀璨的明珠——奔驰

它是汽车王国最璀璨的明珠，它是传奇的汽车始祖。它诞生以来的130多年里，每一次亮相都伴随着人们羡慕的目光。它血统纯正、工艺精良，是众人梦寐以求的座驾。这，就是梅赛德斯—奔驰（Mercedes-Benz）。

1. 强强联合

1888年，卡尔·弗里特立奇·本茨发明的三轮汽车在慕尼黑博览会上大放异彩，卡尔·弗里特立奇·本茨在获得荣誉的同时，还得到了大批汽车订单。于是，卡尔·弗里特立奇·本茨开始设计并生产汽车。

1894年，卡尔·弗里特立奇·本茨便开发生产了"威罗"（定价2000马克，图5-1），在一年时间内就销出了125辆，成为世界上第一批量生产的机动车。后来，本茨又对1893年生产的性能先进、因价格高昂而滞销的"维克托得亚"牌汽车进行了改进，将车厢座位设计成面对面的18个，成为世界上第一辆公共汽车（图5-2）。

图5-1　1894年款奔驰"威罗"　　　　图5-2　世界上第一辆公共汽车

1899年，卡尔·弗里特立奇·本茨将原"奔驰公司莱茵燃气发动机厂"改组为"奔驰莱茵汽车股份有限公司（Benz & Cie）"，自1887—1900年，公司的汽车销售量累计达到1250辆，成为全球第一大汽车生产商。

然而，汽车的另一位发明者戈特利布·威廉·戴姆勒，也在自己的"戴姆勒发动机研究院"（简称DMG）生产汽车，并在1892年售出第一款汽车——Motorized Carriage（图5-3），对奔驰汽车的霸主地位虎视眈眈。

笔记区

1900 年 12 月 22 日，在奥地利企业家埃米尔·耶利内克的支持下，戴姆勒的第一款车型"Mercedes 35hp"（图 5-4）诞生。同时，DMG 凭借 Mercedes 35hp 开始进入了汽车运动的领域。1902 年，梅赛德斯正式成为 DMG 旗下的固定汽车品牌。"梅赛德斯"的出现，引领 DMG 汽车步上事业的正轨。

图 5-3　戴姆勒 Motorized Carriage 汽车　　图 5-4　戴姆勒的第一款车型"Mercedes 35hp"

笔记区

当 Benz & Cie 与 DMG 各自发展之际，1920 年，德国在第一次世界大战洗礼后陷入了经济危机，这两家汽车公司亦受到影响。1924 年 5 月 1 日，双方签订了条款，开始合作，以生产设计标准化、共同使用销售与广告通路的方式来提升竞争力。

1926 年 6 月 28 日，DMG 与 Benz & Cie 两家公司正式合并为戴姆勒—奔驰（Daimler-Benz AG）汽车公司（简称奔驰公司），旗下的汽车品牌以"梅赛德斯—奔驰（Mercedes-Benz）"命名，生产中、大型的豪华轿车、商务轿车以及制作一系列非量产的赛车。从此，一个汽车工业巨人站起来了。

2. 踩着战争的肩膀腾飞

1926 年，公司合并后就推出了首款豪华 K 型车（图 5-5）。在之后短短 4 年里，好车不断，首批以"梅赛德斯—奔驰"命名的轿车，一经投放市场便获得了消费者的青睐。

图 5-5　1926 年款梅赛德斯—奔驰首款豪华 K 型车

1934 年，梅赛德斯—奔驰汽车公司制造了世界上第一辆防弹汽车 770K（图 5-6）。该车车身用 4 毫米厚的钢板制成，风窗玻璃有 50 毫米厚，轮胎是钢丝网状防弹车胎，后排坐垫靠背装有防弹钢板，地板也被加厚到 4.5 毫米，整车质量超过 5 吨，它配有一台排量为 7655 毫升的 V8 发动机，可产生 100 千瓦的功率。此车共生产了 17 辆。其中，有 14 辆在此后爆发的第二次世界大战中被损毁。

1934 年，奔驰公司推出了定位于豪华跑车级别的 500K（图 5-7）；两年后，又在柏林车展上推出了世界上第一款使用柴油发动机的 206D 车型，由于节省了大量的燃料。这款车在当时的销售状况相当乐观。

图 5-6　1934 年款梅赛德斯—奔驰
　　　　　防弹汽车 770K

图 5-7　1934 年款梅赛德斯—奔驰
　　　　　豪华跑车级别 500K

此后，第二次世界大战全面爆发，德国作为这场战争的发起者与主要参与者，在各个方面都进入了"战备状态"，工厂全部停下当前的生产任务，改为制造德国军队所需物资。尽管在此之前，奔驰公司推出了一款根据空气动力学原理开发的 320 轿车，但由于战争的影响，这款车刚刚问世便夭折了。

3. 战后的复苏

战争使得经济大幅度衰退。面对艰难的处境，戴姆勒—奔驰汽车公司选择了循序渐进。他们首先将老款 170V 车型进行二次生产与销售，以此积累资金与品牌知名度，缓解第二次世界大战刚刚结束、经济衰退导致的公司财政困难。与此同时，奔驰公司也花大力气开发新车型。

1949 年，奔驰公司在汉诺威技术出口交易会上推出了战后第一款新车 170S（图 5-8）。接着没过多长时间，奔驰公司又推出了延续车型——170D，自它于 1949 年春季问世以来，喜爱它的人群数量持续增长。

1951 年，戴姆勒—奔驰公司在第一届

图 5-8　1949 年款梅赛德斯—奔驰 170S

法兰克福国际汽车展上推出了拥有全新发动机（6缸，顶置凸轮轴）的220车型。同时，还推出了当时德国最大、时速最高的量产车——300车型（图5-9），这种车很快便成为政客和富商们的最爱。而且，这两款车也为戴姆勒—奔驰公司日后生产最豪华车系S级奠定了坚实的技术基础。

1953年，戴姆勒—奔驰公司第一款三厢轿车180正式发布，而比它更加夺人眼球的则是在此后推出的300SL车型（图5-10），它的经典不仅仅在于那个飘逸动感的鸥翼式车门，也不仅仅在于奔驰大标的设计，而它更大的意义还在于奔驰在这款车型上率先使用了汽油喷射装置，正是这样一个尝试，使传统化油器在奔驰车型上成为"选装装备"。

知识链接：

汽车汽油喷射装置是指利用喷油器将一定数量的汽油直接喷入汽缸或进气歧管中，与进入的空气混合形成可燃混合气的一种燃油供给装置。这种装置旨在提高汽油的雾化质量，改善燃烧过程，从而提升汽油机的性能。

笔记区

图5-9　1949年款梅赛德斯—奔驰300

图5-10　1955年款梅赛德斯—奔驰300SL

1969年9月，戴姆勒—奔驰汽车公司吸引了全世界的目光。在这年的法兰克福车展上，奔驰公司推出了一款名为C111的试装车，该车在当时已经凭借三转子发动机及280马力的"恐怖"动力震慑全场，而在第二年由戴姆勒—奔驰公司推出的第二代C111则将它的动力参数拉上了一个新的高度。新款C111车型搭载了一台四转子汪克尔发动机，最大输出功率350马力，出众的性能与非凡的品质使得这款C111车型成为当时奔驰家族中的绝对明星。

知识链接：

转子发动机，也被称为旋转式活塞发动机、汪克尔发动机，是一种独特的内燃机类型。

1972年，由戴姆勒—奔驰公司推出了全新豪华车280SE（图5-11）。在当时豪华车领域，这款车的问世与奔驰公司的发展相呼应。

1979年，戴姆勒—奔驰公司凭借着全新开发的"G-Class"（图5-12）开始进军越野车市场。

图 5-11　1969 年款梅赛德斯—奔驰 280SE

图 5-12　1979 年款梅赛德斯—奔驰 G-Class

进入 20 世纪 90 年代，奔驰公司将旗下全部车型做了较大幅度的"升级"，并于 1995 年推出了全新的 W210 平台，在新平台上诞生的车型有 E240、E320 等，紧接着它又推出了世界上第一款现代硬顶敞篷跑车 SLK，从而使得自己的产品线更加丰富。

4. 短暂的"世纪大联姻"

20 世纪 90 年代末，由戴姆勒—奔驰公司也面临着与国际各大车企同样的严峻挑战，已经孤独地走过 70 年的奔驰公司急需寻求一个国际化合作伙伴，以期在壮大自身企业的同时开拓国际市场。在克莱斯勒当时的最大股东柯克·柯克瑞安的推动下，戴姆勒—奔驰汽车公司主席于尔根·斯伦晋与克莱斯勒公司主席罗伯特·伊顿终于坐在了谈判桌前。

1998 年，戴姆勒—奔驰汽车公司与克莱斯勒正式合并，新集团命名为戴姆勒—克莱斯勒。这次跨地域的合并被称为汽车界的"世纪大联姻"，并登上了当时世界最大汽车集团的位置。

然而在合并之后，形势并没有朝预期的方向发展。受累于成本等原因，克莱斯勒连年亏损，这让戴姆勒不堪重负。2007 年 8 月，戴姆勒向美国瑟伯勒投资公司（Cerberus）卖出其所持克莱斯勒 8 成股份。

分拆之后，戴姆勒公司旨在集中精力发展旗下利润相对可观的梅赛德斯—奔驰品牌和重型卡车业务。2007 年，戴姆勒不仅走出（分家之前）2006 年 1200 万欧元的亏损困境，而且其利润一跃而至 17 亿欧元。

2007 年 10 月，戴姆勒—克莱斯勒正式改名为戴姆勒集团，总部设在德国斯图加特。

2022 年 1 月，戴姆勒汽车公司宣布 2 月 1 日起将公司名称从戴姆勒股份公司（Daimler AG）更名为梅赛德斯—奔驰集团股份公司（Mercedes-Benz Group AG）。

如今，戴姆勒集团旗下三大汽车品牌（图 5-13）凭借着丰富的产品线与一如既往的高品质，成为全球第一

笔记区

戴姆勒集团

Mercedes-Benz　　Maybach　　Smart

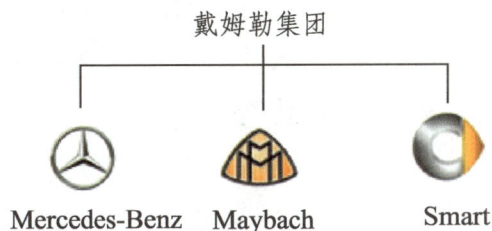

图 5-13　戴姆勒集团旗下汽车品牌

大豪华车生产商和全球第二大载货汽车制造商。

5. 闪耀海、陆、空的三叉星

1889 年，法国人路易斯·雷纳·潘哈德开创了使用汽车商标的先河，提高了汽车品牌的知名度。随后，卡尔·弗里特立奇·本茨和戈特利布·威廉·戴姆勒也为自己的汽车设计了标志。

卡尔·弗里特立奇·本茨用"BENZ"四个字母和赛车中给获胜车手奖励的月桂花环构成了标志，以示胜利。戈特利布·威廉·戴姆勒将早年给妻子写信时所画的吉祥三叉星注册为公司商标。

1926 年，新的戴姆勒—奔驰公司成立后，将代表 DMG 的三叉星车标志与代表 Benz & Cie 的"Benz"字标结合，形成新的三星标记，体现了两家公司的平衡与相互的尊重。随后，简化成一个带圆圈的三叉星（图 5-14），象征了奔驰征服陆、海、空的愿望。

a)1893年　b)1899年　c)1909年　d)1909年　e)1916年　f)1926年　g)1989年
（奔驰）　（DMG）　（奔驰）　（DMG）　（DMG）　（戴姆勒—奔驰）　（戴姆勒—奔驰）

图 5-14　戴姆勒—奔驰商标的演变

？想一想

在汽车发展过程中，奔驰汽车在行业内起到了什么作用呢？

故事二

平民的汽车——大众

一辆没有乔装打扮的汽车，却让它的买主而为之自豪。这就是大众，因天才大师费迪南德·保时捷对设计生产平民汽车的坚持，成就了新的汽车传奇。

1. 费迪南德·波尔舍的平民汽车梦

费迪南德·保时捷于 1930 年 12 月 16 日创建了保时捷汽车工作室，经营范围是发动机、车辆结构乃至整车的设计和开发。

笔记区

1934 年，保时捷以全新角度为汽车联盟（奥迪的前身）设计出了具有 16 缸增压式发动机的第一辆保时捷赛车。这辆外形新颖、性能优良的赛车，先后打破了 8 项世界纪录，夺得过场地赛、越野赛、登山赛等各项赛事的冠军。德国民众虔诚地将这辆赛车取名为"银箭"（图 5-15），表达了他们对它的无限敬意。

图 5-15 四环标志"银箭"
A 型赛车

知识链接：

16 缸增压式发动机是一种高性能的发动机配置，内部拥有 16 个汽缸，这些汽缸通常按照一定的排列方式（如 V 型、W 型等）组合在一起，结合增压技术，以提供平稳且强大的动力。

设计和制造赛车的巨大成功，并没有使保时捷先生忘记自己开发平民车的愿望。1931 年，保时捷仅用几个月的时间，就设计出了一款小型轿车 TYPE 12（图 5-16），但无人愿意将其投产。整整两年里，只有 Zündapp（尊达普）汽车公司购买了保时捷公司的设计，最后也因该公司以开发费用昂贵作为理由终止了合作。

在此之后，另一家 NSU（诺斯摩托车制造厂）公司表示出对这类项目的兴趣，保时捷和他的伙伴们在 1933 年推出了 TYPE 12 的后继产品——TYPE 32 车型（图 5-17）。可惜的是，随着 1933 年 NSU 退出汽车制造业，TYPE 32 也停留在了原型车阶段。

图 5-16 TYPE 12 原型车

图 5-17 TYPE 32 原型车

1934 年 1 月 17 日，保时捷提出了在 12 个月内设计出德国的国民汽车，即拥有 100 千米/小时的极速、可以坐两个成年人和三个孩子、百千米油耗不超过 7 升、价格不超过 1000 马克。一年后，保时捷三辆"国民"样车 VW3（图 5-18）按时交付，经过德国汽车协会的严格测试，通过了最终的鉴定。这种具有低风阻流线型车身、采用后置后驱布局、使用风冷发动机的汽车在市场上取得了优异表现。

1937 年 5 月 28 日，德国国民车筹备有限责任公司在柏林成立，保时捷出任总经理。这一天，为大众汽车公司的成立日。

1938 年，保时捷试产的 VW38 车型（图 5-19）被德国政府确定为国民车的最终样式，并在德国下萨克森州的法勒斯雷本城大量投产，建设 KdF（德语 Kraft durch Freude 的简称，意为快乐就是力量，是当时德国劳工阵线的下属组织）汽车城来生产这款国民车。

图 5-18　1935 年款 VW3 原型车　　　　图 5-19　1938 年款 VW38 车型

1938 年 5 月 26 日，在大众汽车厂及 KdF 汽车城奠基典礼上，将要生产的国民汽车命名为 KdF-Wagen，后来也被称作大众 TYPE 1。1938 年 7 月 3 日，在美国的《纽约时报》上形象地把这种汽车称为"甲壳虫"（Beetle），这一名字后来开始广泛流行。

1938 年 9 月 16 日，公司更名为大众汽车股份有限公司（简称大众公司），并在 10 月正式登记注册，总部地址设在柏林。

2. 战争摧毁平民汽车梦

1939 年 8 月 15 日，大众汽车厂正式投产，第一批"甲壳虫"问世。最初这款车的售价为 990 帝国马克，但不接受现金支付。有意向的购买者，需要先去购买面值为 5 马克的票券，并粘贴于"KdF-Wagen 存折"（图 5-20）上，而这本存折就相当于订购凭证。到 1939 年年底，有 33.6 万人购买了票券贴于"KdF-Wagen 存折"上，德国劳工银行通过这种分期预付款的方式，吸纳存款 2.78 亿帝国马克。

由于第二次世界大战爆发，已经预定的车辆并未按时交付，工厂也陷入停工状态。从 1939 年开始，大众汽车厂转而生产飞机、坦克等军需品，原本生产给普通百姓的 KdF-Wagen 却变成了 65000 辆军用装甲车和水陆两用车。

第二次世界大战中，大众汽车厂遭到空袭，2/3 的厂房被摧毁。战后的 1945 年 4 月 11 日，英军接管了工厂，并在 5 月将 KdF 城更名为沃尔夫斯堡。英军退伍的陆军上校伊万·赫斯特在德国管制委员会的指示下，到沃尔夫斯堡恢复生产侦察车和客车。

a)

b)

图 5-20　德国政府发行的可购买汽车的"KdF-Wagen 存折"及票券

为求得生存，工人们一边清理废墟，一边恢复生产，到 1945 年年底，他们竟然生产了 1785 辆甲壳虫。但生产出来的第一批车并未卖给普通老百姓，而是销售给了占领军队、地方政府官员、医生、警察、邮局及其他公用事业机构。1946 年 10 月 14 日，第一万辆甲壳虫汽车在还没有清理完废墟的工厂中诞生了（图 5-21）。

图 5-21　第一万辆甲壳虫汽车下线

虽然大众公司的产量在逐年恢复，但公司的未来仍愁云满布。大众公司试图为美国、澳大利亚、英国和法国的品牌做代工，但都被拒绝了。英国路特斯公司的主管威廉姆斯·鲁特斯告诉赫斯特，他认为大众公司撑不了两年就会彻底倒闭，其生产的甲壳虫毫无吸引力，甲壳虫实在太丑、太吵，如果在此地（沃尔夫斯堡）造车，将是一个不明智的决定。

英军的官方报告最后认定"在沃尔夫斯堡建造商业化汽车公司是一个非常不经济的决定"。就这样，英军把大众公司交还给了西德政府。

3. 甲壳虫时代

1948 年，西德政府彻底收回大众公司的经营权，并将公司总部从柏林迁到沃尔夫斯堡。就是在此地，德国汽车工业的车轮开始滚动起来，并创造出奇迹。

随着战后世界经济的复苏，人们对汽车的需求日益增长，但购买力又很有限。甲壳虫的经济耐用性正好适应了这种形势，1953 年，大众公司以 296489 辆的年产量及 26% 的市场占有率，荣登德国第一大汽车公司宝座，成为欧洲最畅销的汽车。

拿下欧洲市场后，大众公司巧妙地打开了已经近乎饱和的美国市场。1955

年，大众甲壳虫在美国市场狂卖100万辆。1971年8月27日，第500万辆大众汽车出口到美国。

到了20世纪60年代末70年代初，甲壳虫已经有些落伍了，但却丝毫不影响它的热卖。1972年2月17日，第15007034辆甲壳虫售出，超越了福特汽车公司的T型车，创造了当时的单车世界销售新纪录。到了1973年，甲壳虫已经卖出超1600万辆。

1978年1月19日，德国本土生产的最后一辆甲壳虫汽车在埃姆登（Emden）工厂下线。到此为止，德国本土共生产了16255500辆甲壳虫。但是在海外的工厂里，甲壳虫仍然以每天1000余辆的速度进行生产。

图5-22　第21529464辆甲壳虫汽车下线

2003年7月30日，最后一辆编号为21529464的甲壳虫在墨西哥下线（图5-22），甲壳虫正式停产。

大众甲壳虫汽车创造了汽车工业史上的一个奇迹，也使大众汽车股份有限公司迅速发展起来，很快便成为欧洲第一、世界第四的汽车公司。

4. 新品牌、新市场

1973年和1974年，大众的发展陷入"瓶颈"，新车型销量惨淡，而王牌产品甲壳虫在欧洲和北美的销量也直线下滑。公司意识到，依赖甲壳虫的日子终将远去，必须找到全新的车型来替代它。

1973年，大众公司特地委托意大利知名设计师乔盖托·乔治亚罗（Giorgetto Giugiaro）设计了一种斜背式车身的帕萨特（图5-23）。正如预期的那样，帕萨特很快获得了新车注册图表中的最高地位。

1974年，高尔夫诞生（图5-24）。第一代高尔夫投放于北美市场（1975—1985年），定位于家庭小型用车。高尔夫一出现就引起了真正的轰动，到1976年10月27日已经生产了100万辆，成为继甲壳虫汽车后的新霸主。

图5-23　1973年款帕萨特

图5-24　第一代高尔夫

1975 年，Polo（图 5-25）横空出世，诞生自奥迪 50 平台。

欧洲市场的竞争渐趋激烈，大众公司研发的多款车型面临越来越多的对手，而高尔夫的畅销令大众公司有恃无恐。1974—1983 年，大众公司基于高尔夫平台，一口气推出七款车型，包括尚酷运动版、捷达、敞篷高尔夫等。

20 世纪 80 年代，大众汽车在北美市场受到了日系车和美系车的强劲挑战，消费者可以花更少的钱买到和高尔夫类似的车。1980 年，大众汽车在美国的销量由 293595 辆，到 1984 年跌到 177709 辆。但第二代高尔夫（图 5-26）、GTI 和捷达的相继诞生挽救了大众公司的北美市场，1985 年和 1986 年；大众公司在美国的总销量突破了 20 万辆；1990 年，大众公司成为全球销量冠军。

图 5-25　1975 年款 Polo

图 5-26　第二代高尔夫

5. 从平民到贵族

1969 年，大众公司成功收购奥迪品牌，并将奥迪定位为奢侈品牌。随后在开拓高端市场的思路指引下，90 年代末，大众公司一口气收购兰博基尼（归属于奥迪）、宾利、布加迪三大豪车品牌。

2010 年，大众公司以 39 亿欧元收购了保时捷公司 49.9% 的股份之后，一鼓作气，于 2012 年 7 月 8 日，以 44.6 亿欧元（约 55.8 亿美元）与 1 股普通股的代价，换取保时捷 50.1% 的股权，将其归入麾下。

从最初的国民轿车甲壳虫，到如今的大众途锐和拥有 16 个汽缸、百千米加速仅需 2.5 秒、最高车速 407 千米/小时的布加迪威龙超跑（图 5-27）等豪车，使一向扮演平民角色的"大众"，也开始分享"豪"情。

图 5-27　布加迪威龙超级跑车

同时，大众公司在 1998 年收购了西班牙的西亚特汽车公司；2001 年收购了捷克的斯柯达汽车公司；2008 年收购了瑞典的斯堪尼亚汽车公司。如今，大众汽车集团旗下已经有了 11 大汽车品牌（图 5-28），统一了欧洲汽车工业。

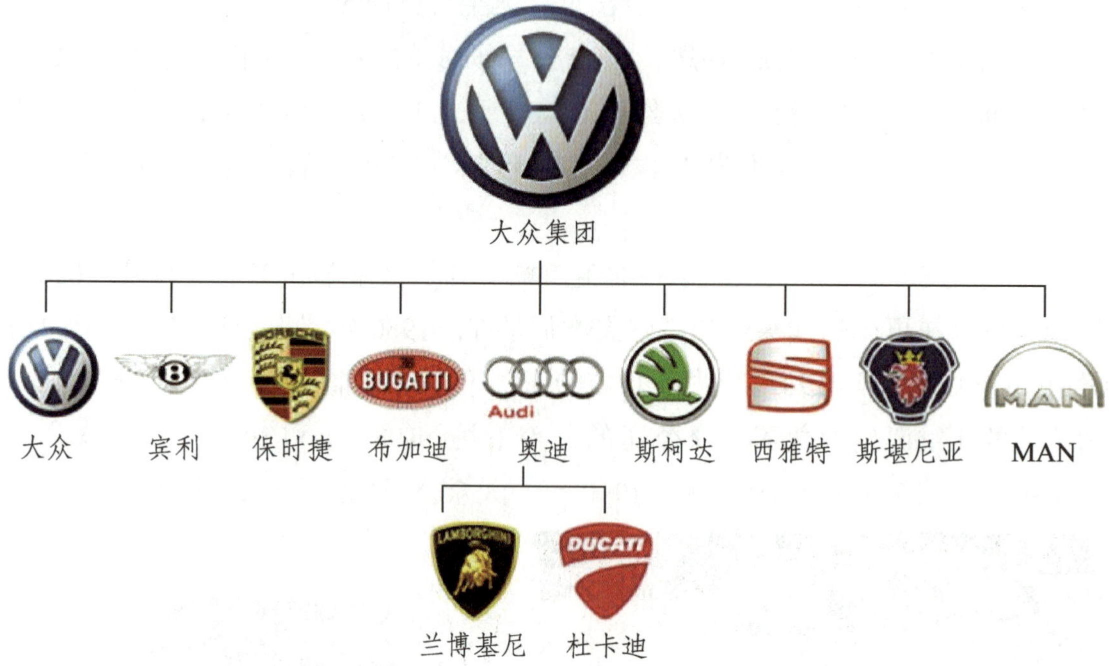

图 5-28 大众集团旗下汽车品牌

2015 年，大众全球工厂总数已达到 118 座（包括整车厂和零部件等工厂）。成为全球最大的汽车企业之一。同年，上海大众正式更名为上汽大众。

6. 新能源探索与转型之路

20 世纪 90 年代，大众开启新能源汽车技术探索，1991 年与上汽大众合作推出桑塔纳 LPG（液化石油气版本）。21 世纪，大众持续研发，推出"超越一号"燃料电池轿车样车、Lavida 朗逸纯电车型等。此后，关键技术研发为新能源汽车量产奠基。

2015 年，大众规划新能源汽车布局，欲将安亭基地打造成现代化总部园区。2018 年，上汽大众建设 MEB 工厂，次年落成且首辆 ID. 系列电动车下线。2018 年，基于 MEB 平台的 ID.3 推出，大众正式进入电动汽车市场，2020 年起推出包括 ID.3、ID.4、ID.6 等的纯电动 ID. 系列车型，还计划 2026 年前推出 22 款新能源车型。2024 年 7 月 17 日，智能纯电新品类首款车型 SUV——ID. 与众上市。

2023 年，ID. 家族累计销量 48617 辆，下半年销量环比增长 46.3%，to C 销量环比增长 223%。2024 年，上汽大众销量破百万辆，ID.3 自 2021 年上市后累计销量超 20 万辆。

7. 大众必胜

大众汽车公司（德文 Volks Wagenwerk），意为大众使用的汽车，其标志曾发生过多次变化（图 5-29）。今天的标志中的 VW 为其全称中第一个字母，标志像是由三个用中指和食指作出的"V"组成，表示大众公司及其产品必胜——

必胜—必胜。

| 1937年 | 1939年 | 1945年 | 1960年 | 1967年 | 1978年 | 1995年 | 1999年 | 2000年 |

图 5-29 大众商标的演变

? 想一想

大众汽车公司为实现"国民车"的目标，打造经典甲壳虫车型，以低价策略让汽车普及。作为一名汽车专业的学生，在学习专业技能时，如何像大众找准目标一样，明确自己未来想深耕的汽车领域方向？

故事三
法兰西的荣耀——标致

法国，随处弥漫着激情的空气，创意和灵感凝结在每个角落，孕育出空客、爱马仕、拉斐酒庄等国际品牌。标致，一个享誉世界的汽车品牌，再次成为法兰西的荣耀。

1. 雄狮迈入车坛

1871 年，阿尔芒·标致（Armand Peugeot）从英国利兹深造归来，接管了家族的标致兄弟公司（Peugeot Freres et Compagie），生产弹簧、缝纫机以及锯条等小五金产品。阿尔芒·标致始终希望公司可以转型生产更加复杂的机械化设备。于是，他想到了在英国接触的自行车工业，他认为公司应改为生产自行车。

1882 年，标致制成第一辆"大自行车"（Grand Bi，图 5-30）。这种自行车没有传动机构，前轮大后轮小，看起来就像马戏团里的独轮车。到 1886 年，使用链条传动的标致自行车开始批量生产。此后，自行车和摩托车逐渐成为标致兄弟公司的主要工业产品，象征标致产品的雄狮（图 5-31）开始名扬全欧。

1888 年，阿尔芒拜访了著名的汽车设计师戈特利布·威廉·戴姆勒先生，预见汽车这项全新发明具有巨大潜力，并想在这个行业有进一步的发展。

笔记区

图 5-30　标致早期的"大自行车"

图 5-31　1882 年标致的标志

1889 年，40 岁的阿尔芒和著名的蒸汽动力学家莱昂·塞波莱合作，制造了一辆三轮蒸汽动力汽车，名为塞波莱—标致之车，又名标致 1 型（图 5-32），并在庆祝法国大革命 100 周年的巴黎万国博览会上展出，轰动一时。

不过，显然是刚刚兴起的内燃机才更适合装在小体积的汽车上。在戴姆勒先生的影响下，阿尔芒开始着手准备内燃机汽车。很快，1890 年，第一辆燃烧汽油的标致 2 型汽车（图 5-33）在瓦朗蒂诺面世，于次年开始批量生产。它搭载戴姆勒发动机，成为法国第一批汽油机汽车。

图 5-32　标致 1 型蒸汽汽车

图 5-33　标致 2 型内燃机汽车

2. 一"赛"成名

1891 年 9 月 6 日，阿尔芒推出了改进后的标致 3 型汽车。这辆装置了内燃机的四轮车，成为唯一参加"巴黎—布列斯特—巴黎"的汽车—自行车拉力赛的汽车，并为标致汽车迎来了第一位顾客。这一年，标致家族把标致兄弟公司更名为标致兄弟之子公司。

1894 年，标致公司在阿尔芒·标致的领导下，生产出多种汽车品种，差不多同时推出双座 5 型（图 5-34）、6 型、7 型轻便车、8 型折篷车、对坐式 9 型、客货两用车 10 型。不过，这一年最大的事是标致汽车在法国举办的"巴黎—里昂无马车大赛"中一举成名，在 127 千米的赛程中，标致车一路领先，获得冠军，从而奠定标致汽车在世界车坛中的地位。

笔记区

随着汽车产量的提升，阿尔芒·标致最终决定脱离传统工业投身于汽车事业。1896 年 4 月 2 日，阿尔芒成立了自己的标致汽车公司，在奥丁康特建立了占地 5 万平方米的汽车生产厂。

1901 年，标致推出了具有创新意义的 36 型轿车（图 5-35）。这款新车采用了前置发动机，以螺杆、螺母代替齿轮、齿条作为转向传动机构，让汽车摆脱了马车车身，有了自己独立的造型。

图 5-34　标致 5 型汽车

图 5-35　标致 36 型汽车

3. 团结的力量

1904 年，"标致宝贝"即"69 型"下线。第二年，由阿尔芒·标致三个侄子经营的标致兄弟之子公司也生产出第一辆汽车——一款单缸"狮—标致"（Lion Peugeot）汽车。

1910 年，标致汽车公司与标致兄弟之子公司合并，成立标致汽车和自行车股份有限公司，新公司由阿尔芒的侄子罗伯特·标致领导，并在第二年与布加迪汽车创始人埃托里·布加迪签订合作协议，设计新款大众型汽车。

世界上第一款采用顶置四凸轮轴、每缸四气门发动机的汽车于 1912 年在标致汽车厂诞生。这年，由布加迪设计的"标致宝贝"二代（图 5-36）开始投产，并一直生产到 1916 年，总产量达到 3095 辆。

图 5-36　"标致宝贝"二代

凭借这先进的技术和赛场上的优异表现，标致汽车获得了市场的认可。1911—1913 年，标致产量翻了三番，共生产 9338 辆汽车，占当时法国全国汽车产量的 50%，其市场占有率更是高达 20%，在当时的法国街道上，每 5 辆车中就有 1 辆是标致汽车。

4. 新技术、新车型、新命名

1914—1918 年的第一次世界大战使标致的民用汽车生产处于半停顿状态，工厂部分转产军用物资支援战争。

在战争结束后的 20 年代，标致在巴黎车展上推出一款名为"201 型"的车

笔记区

型，并随即更名为更简短的"201"（图5-37）。其中，第一个数字代表系列，第三个数字代表代数。标致后来将此命名法注册为商标，并沿用至今。

标致201在1931年巴黎车展上再次展出，它是世界上第一款采用前轮独立悬挂的量产车，又兼有低油耗的特点，帮助标致较为安全地度过了世界经济危机。

进入30年代，随着汽车技术的发展，这时候的标致汽车采用了一系列新概念和新技术，1933年生产的标致301（图5-38）采用了有灯罩的前照灯、趋于流线型车身设计，使标致汽车独树一帜。

图5-37　标致201

图5-38　标致301

1934年，标致401诞生（图5-39），成为世界上首辆可折叠硬顶敞篷车。

1935年推出的标致402（图5-40）装备了电子换挡的半自动变速器，它还是标致生产的第一款全流线型轿车，为了减少阻力，前照灯都被置于中网后面。而1938年开始生产的标致202经济型轿车的年产量达到5万辆，成为标致汽车厂的利润源泉。

图5-39　标致401

图5-40　标致402

5. 第二次世界大战后的崛起

在第二次世界大战中。标致汽车厂被德国军队征用，为其生产军用物资，由此成为盟军飞机轰炸的目标，桑克豪克斯的工厂在英国空军的一次空袭中被严重毁坏。

法国解放后，标致汽车公司在缺乏资金和设备的情况下开始了艰难的恢复生产过程。1947年，在塞迪斯公司建立了新的厂房；1948年，在新的流水线上开始生产战后设计的全新标致203紧凑型轿车。这款车采用了当时最先进的承载式车身结构，四缸发动机也应用了一些前卫的技术，成为当时欧洲技术最先进的紧凑型轿车。

1955年推出的标致403（图5-41）则体现了50年代标致轿车的最高水平，

车身外形由意大利著名的车身设计师宾尼法瑞纳设计，造型非常完美，并率先将弧形风窗玻璃安装在汽车上。也是在这一年，标致汽车的年产量突破了10万辆。

1960年推出的标致404（图5-42），车身仍是宾尼法瑞纳设计的，该车型可以选装ZF公司的自动变速器，标致404以其造型典雅大方和先进的技术得到了汽车业很高的评价，订单如雪片般飞来，生产线直到1972年才关闭，产量突破200万辆。

图5-41 标致403

图5-42 标致404

1965年，为了适应时代的发展，标致汽车公司由一个家族企业转变成一个股份公司。这一年推出的标致204紧凑型轿车（图5-43）是一个在技术应用和设计概念上有创新的车型，它是首次采用前轮驱动型式和四轮独立悬挂的标致轿车，这种驱动和悬挂形式在以后的家庭轿车上被广泛采用。

图5-43 标致204

1969年，标致的504中型轿车（图5-44）问世了，这一年，标致成为法国第二大轿车制造商，产量近50万辆，是欧洲举足轻重的汽车生产商。为了满足不同的市场需求，标志轿车形成了100系列、200系列、300系列、400系列、500系列和600系列轿车几大产品，紧凑型家庭轿车成为其主流产品。到1973年，标致已经累计生产了800万辆汽车。

图5-44 标致504

笔记区

6. 扩张走向鼎盛

1974年6月24日，通过与米其林的谈判，标致公司开始接管另外一家法国汽车大公司——雪铁龙。两年后，标致公司收购了米其林在雪铁龙90%的股份，通过交换，米其林得到了标致10%的股份。经过重组，成立标致—雪铁龙控股公司（简称PSA），一跃成为当时法国最大的汽车厂商。

1979年，标致收购塔尔伯特公司，共同组成PSA标致-雪铁龙集团。可是，受到石油危机的冲击，收购塔尔伯特后公司陷入困境；从1980年起，标致集团开始亏损；到1982年累计亏损达82.35亿法郎。

1983年2月24日，标致第一款掀背汽车205（图5-45）面世，这辆车神话般地生产了大约530万辆，让标致集团在1985年消灭了赤字，而被称为神车。

20世纪90年代初期，欧洲家庭轿车的发展出现了一个新的趋势，消费者希望今后的家庭轿车更时尚、更绚丽多彩，标致立刻把握住了这个良机。1998年推出的标致206、2001年推出的标致307（图5-46），其激情、活跃的风格是法国浪漫主义和欧洲时尚完美结合的产物，演绎了家庭轿车的新概念。在标致206和标致307的带动下，标致汽车销售量节节上升，成为现在欧洲第二大轿车生产企业，并迈向新的成功。

图5-45　1983年款标致205　　　　　　图5-46　2001年款标致307

如今，标致—雪铁龙集团凭借标致和雪铁龙两大强势品牌，在2014年全球汽车销量达到293.9万辆，成为仅次于德国大众汽车的欧洲第二大汽车制造商。

2017年11月，标致—雪铁龙集团主导研制的1.2THP发动机，在2015—2017年连续三年荣获"国际最佳发动机"大奖。2021年1月16日，标致—雪铁龙集团与菲亚特克莱斯勒集团正式合并，成为一家全新的集团：STELLANTIS集团。

从1850年，象征锯条质量的雄狮如今成为标致的唯一标志（图5-47）。腾跃的雄狮，象征了一个追求高质量无止境的制造企业，也体现了标致汽车的灵活、力量和秀美。

a)1850年　　b)1882年　　c)1927年　　d)1936年　　e)1950年

f)1960年　　g)1971年　　h)1980年　　i)2002年　　j)2010年

图5-47　标致商标的演变

故事四
新能源汽车领导者——比亚迪

比亚迪诞生于深圳，业务横跨汽车、轨道交通、新能源和电子四大产业。2022 年的上半年，它获得全球新能源汽车销量第一的好成绩，成为首个跻身万亿市值俱乐部的汽车自主品牌。

1. 电池起家

20 世纪 90 年代初，北京有色金属研究总院比格电池总经理王传福发现自己研究领域之一的电池有着巨大投资机会。当时，虽然人们需要花费 2 万 ~ 3 万元才能买到手提电话，但欲购者众多，王传福意识到手提电话的发展将增加充电电池的需求量。1995 年 2 月，王传福毅然选择经商，创立比亚迪股份有限公司，注册资本为 250 万元，员工约 20 人。

1997 年，比亚迪成长为年销金额近亿元的中型企业。在镍镉电池方面，比亚迪用 3 年时间抢占全球近 40% 的市场份额，成为当时镍镉电池行业之首。

1998 年，比亚迪的负责人认为，我国充电电池厂家若要实现质的飞跃，就必须涉足锂离子电池产业。至此，比亚迪进入手机锂电池市场，凭借技术改造后形成的成本优势，比亚迪的电池价格可以达到低于日本三洋 40% 的平均程度。2000 年，比亚迪成为 Motorola 首个中国锂离子电池供应商（图 5-48）。2001 年 8 月，比亚迪成为 NOKIA 的供应商。2002 年，比亚迪成为 NOKIA 第一个来自中国的锂离子电池供应商（图 5-49）。比亚迪产能和市场份额迅速扩大。

知识链接：

锂离子电池是一种二次电池（充电电池），它主要依靠锂离子在正极和负极之间移动来工作。

图 5-48　比亚迪与 Motorola 签约	图 5-49　比亚迪与 NOKIA 签约

笔记区

2. 进军汽车行业

2002 年 7 月，比亚迪正式进入汽车行业。比亚迪不仅收购了北京吉普的吉驰模具厂，还收购了西安秦川汽车有限责任公司（图 5-50），成了继吉利汽车以后，我国第二家民营汽车生产企业。自此，比亚迪开启了自主研发、自主品牌、自主发展的历程，立志振兴民族汽车产业。

3 年后，比亚迪 F3 诞生（图 5-51），当时，凭借其低廉的价格、丰富的配置，比亚迪 F3 成为一辆人们买得起、用得起的轿车，为许多家庭实现了汽车梦想。比亚迪在汽车制造行业也赢得了开门红。

图 5-50　比亚迪收购西安秦川
汽车有限责任公司

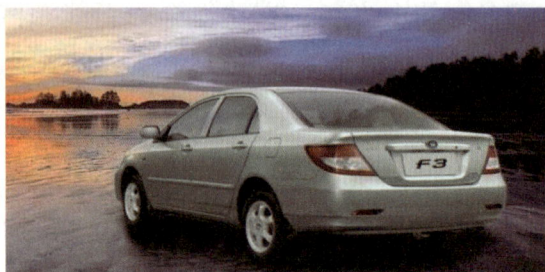

图 5-51　比亚迪 F3

2007 年，随着比亚迪 F3 车型销量的增加，比亚迪推出一系列汽车，覆盖微型车、紧凑型、中型和 SUV 类型等。同时首次在车内采用中文指示按键，将一键起动、触控屏、全景影像等全新配置融于其中（图 5-52），成为高性价比国产汽车的首选。

2008 年，比亚迪推出了全球首款量产的插电式混动车型——比亚迪秦（图 5-53），开启了"王朝时代"，并逐一推出了旗下"秦""宋""唐""元"系列新能源车型。该系列车型凭借中国风元素的外观设计、成熟的新能源技术得到我国汽车市场消费者的青睐；出色的新能源技术赢得了海外市场的认可，连续多年斩获全球新能源乘用车年度销量冠军。

图 5-52　比亚迪汽车中控配置

图 5-53　插电式混动车型——比亚迪秦

3. 科技引领新能源汽车行业

2014 年 4 月，比亚迪发布"542"科技（"5"代表在从速度 0～100 千米/小时的加速时间在 5 秒内；"4"代表全时电四驱，瞬间反应、精准动力分配，操控好、能效高，提升操控的安全性；"2"代表每100千米的油耗小于2升），从超强加速、全时电四驱、超低油耗三方面重新定义高性能汽车标准，助力我国汽车工业真正实现"换道超车"。

在发展中，比亚迪始终坚持"技术为王，创新为本"的发展理念，凭借研发实力和创新的发展模式，取得了一个又一个技术进步。

（1）刀片电池。

2020年，比亚迪推出刀片电池（图5-54），通过对蓄电池组的重新排布，提升磷酸铁锂电池能量密度，同时具备优秀的化学稳定性，进而在针刺试验中，具备极强的安全性。刀片电池的诞生，解决了产品安全性和社会资源承受度问题，引领电动汽车领域技术发展。2021年12月，磷酸铁锂电池产量在行业总产量的占比超过63%。当年推出的比亚迪汉，率先装上比亚迪刀片电池。

新能源汽车"神器"

（2）DM技术。

随着环境危机意识的提升、化石燃料的殆尽、油价的上涨，如何低成本、高便捷性地使用混合动力电动汽车，成了比亚迪研发的重中之重，DM-i混动技术就是结晶。用一台高效率、小排量发动机与电机结合，根据不同工况需求，采用纯电、串并联混合动力以及直连等逻辑驱动，满足低能耗用车，最大程度降低用车成本。同时高效的驱动逻辑，使其蓄电池既可以使用充电桩充电，也可以通过发动机发电，自给自足，最大程度满足用户用车的便捷性。截至2020年，比亚迪DM技术已成为全球市场装机量最大的插电式混合动力技术。

比亚迪DM-i混动汽车（图5-55）是国产混合动力电动汽车的又一里程碑。

图5-54　比亚迪刀片电池

图5-55　比亚迪DM-i混动汽车

（3）e平台。

e平台是比亚迪为了推动电动汽车的普及和发展而打造的一个综合性技术平台。该平台集成了电池、电机、电控以及车辆智能化等核心技术，为电动汽车的研发和生产提供了强有力的支持。通过e平台，比亚迪能够更高效地进行电动汽车的研发和生产，同时降低生产成本，提高产品质量。

笔记区

2021 年 4 月 19 日，比亚迪在上海国际车展发布新一代 e 平台（e 平台 3.0）。基于 e 平台 3.0 打造的电动车，零百加速时间仅需 2.9 秒，续驶里程可突破 1000 千米。100 千米电耗比同级别车型降低 10%，冬季续驶里程至少提升 10%。

2024 年 5 月 10 日，比亚迪发布全新纯电 e 平台 3.0 Evo，该平台在继承 e 平台 3.0 诸多优点的基础上，通过一系列技术创新，进一步提升了电动汽车碰撞安全性、能源利用率和电池安全性及使用寿命等方面的技术。

（4）比亚迪 CTB 技术。

2022 年，比亚迪停止燃油汽车整车生产，发布 CTB 电池车身一体化技术。比亚迪 CTB（Cell to Body，电池车身一体化）技术［图 5-56a）］和传统 CTP（Cell To Pack，无模组）技术［图 5-56b）］相比，从电池"三明治"结构变成了整车"三明治"结构，将车身底板与蓄电池上盖板合而为一，刀片电池采用类蜂窝"三明治"结构。比亚迪 CTB 蓄电池系统，体积利用率提升至 66%，并作为车身结构件参与整车安全，使整车扭转刚度提升 1 倍。

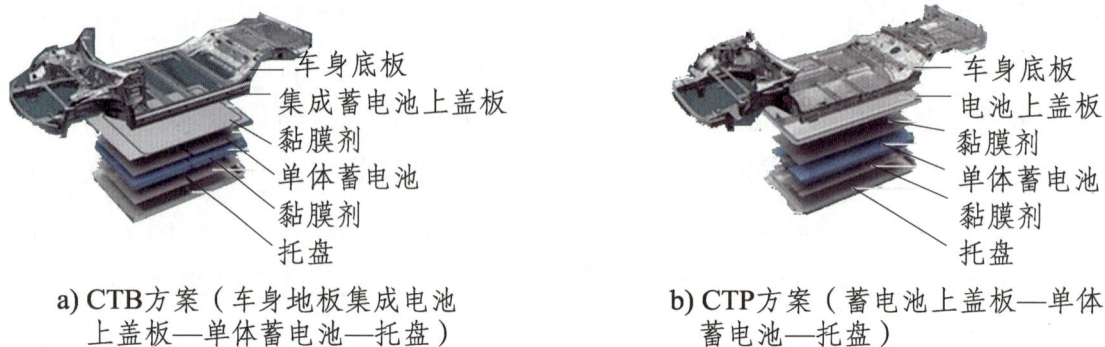

a）CTB 方案（车身地板集成电池上盖板—单体蓄电池—托盘）   b）CTP 方案（蓄电池上盖板—单体蓄电池—托盘）

图 5-56　比亚迪 CTB 方案

4. 用创新成就梦想

2019 年 6 月 25 日，比亚迪全球设计中心"黑水晶"落成。比亚迪以"新设计中心""新设计团队""新设计作品"开启设计新起点，助力电动化和智能化设计新潮流。从此，比亚迪的产品从"技术"单轮驱动转变为"技术 + 设计"双轮驱动，在设计领域实现跨越式发展，推出了比亚迪汉（图 5-57）、唐、秦、宋、元、E-SEED GT 等众多造型惊艳、广受好评的作品，打造了"Dragon Face"这个独树一帜的中国文化设计语言，被媒体评价为"用中国文化演绎电动美学的典范"。

2020 年 7 月，比亚迪唐凭借"Dragon Face"设计语言斩获第 21 届中国专利奖——中国外观设计金奖。2021 年 4 月，比亚迪汉 EV 获得 2021 德国 IF 设计奖，成为首款获奖的中国品牌轿车。2021 年 6 月 25 日，比亚迪宋 MAX（图 5-58）荣获第 22 届中国外观设计金奖。

图 5-57　比亚迪汉 EV

图 5-58　比亚迪宋 MAX

时至今日，比亚迪除了"王朝系列"，又开启了主打年轻时尚的"海洋系列"（图 5-59）、"军舰系列"（图 5-60），每一款个性车型的背后，都是比亚迪对市场的精确细分。

图 5-59　比亚迪"海洋系列"——海豹

图 5-60　比亚迪"军舰系列"——护卫舰 07

笔记区

2024 年，比亚迪新能源汽车销量表现强劲，全年累计销售 4272145 辆，同比增长 41.26%，进一步巩固了其全球新能源汽车领导者的地位。2024 年 7 月，比亚迪新能源汽车已进入全球 88 个国家和地区，覆盖 400 多个城市，海外市场拓展步伐不断加快，且成功跻身 2024 年上半年全球畅销汽车品牌榜前十，排名第八，成为榜单中唯一的中国汽车品牌。2025 年 3 月，比亚迪新能源汽车单月销量达 377420 辆，同比增长 24.8%。其中，乘用车销量为 371419 辆，同比增长 23.1%，展现出稳健的市场表现。

中华民族企业比亚迪，正如其商标 BYD（Build Your Dreams）展示的美好愿景一样，突破技术壁垒，掌握专利技术，迈着稳健的步伐，走向世界，以更好的产品、更好的服务实现用户的梦想。

？想一想

比亚迪从电池生产跨界到汽车制造，进入全新领域会面临许多难题。如果未来，你也想从所学的专业，转向汽车行业的其他关联领域，需要提前做好哪些知识、技能和心理准备呢？

故事五
开创中国汽车文明发展的新纪元——长安

在这个充满挑战与机遇的时代，长安品牌以其独特的魅力和深远的影响力，成了中国汽车发展道路上的一面旗帜。它不仅是中国汽车工业的先驱者，更是推动中国汽车发展不可或缺的中坚力量。它代表了中国汽车品牌的崛起与自信，向世界展示了中国汽车工业的创新与活力。

1. "军转民"开启长安新征程

1978年，主营军工的长安人重新审视这个世界，开始了"军转民"的伟大征程。

（1）艰难的转型之路。

作为一个造车的"门外汉"，那时的长安无论是生产能力还是运营体制，依旧沿用以前的那套，且久未更新，因此加工精度和设备种类的完整度都与传统汽车制造企业存在着巨大差距。

不仅如此，在研发能力上，从未有过民用汽车开发经验的长安也步履维艰。于是，长安购买了铃木生产的Carry ST-90系列车型进行拆解、测绘，不断积累经验，终于在1983年10月，生产出了第一辆Carry ST-90车型的仿制试装样车，并相继生产8辆以供验证，最终通过道路试验证明该样车的实际性能已基本满足设计要求。这次造车的成功促成了长安与铃木的合作。1984年，长安与铃木汽车公司正式签署了技术贸易合作协定，共同进行微型汽车和发动机的项目合作。

1984年11月15日，第一批长安牌SC112微型厢式货车和SC110微型载货汽车出厂（图5-61）。从1983年10月第一辆样车试制完成起，到1986年11月，长安牌微型汽车已成功突破了产销1万辆的大关（图5-62）。

笔记区

图5-61 第一批长安牌微型汽车出厂

图5-62 长安牌微型汽车年产量突破1万辆

1993 年 6 月，重庆长安铃木汽车有限公司正式成立。其中，重庆长安汽车股份有限公司持有 51% 的股份，日本铃木株式会社持有 39% 的股份，铃木（中国）投资有限公司持有 10% 的股份。1995 年 1 月 1 日，长安厂与江陵厂合并为长安汽车有限责任公司。1996 年 10 月 13 日，重庆长安汽车股份有限公司正式成立。

（2）用铁锤砸出"质量过硬"的金字招牌。

1998 年，长安推出了基于铃木 Carry 打造的长安之星微型汽车，该车一经推出便受到市场青睐，受当时供求关系的影响，该车在需求量的增长之下，返修量也不断上涨。这暴露出质量监管上的严重疏漏，在继续生产和自我调整中，长安选择了后者。

1999 年 7 月 20 日，时任长安汽车总裁的尹家绪作出了一个大胆的决定——砸车。在长安厂区内的一个广场上，尹家绪挥起铁锤，向有问题的 5 辆汽车和 10 个车身砸去。金属撞击的声音久久回荡于广场上空，也深深地烙在了每个长安人的心中。伴随着一声声巨响，"质量就是生命"不再只是一句口号。1999 年 8 月 13 日，清华大学汽车碰撞试验室里，一辆长安之星以 48 千米/小时的速度撞向碰撞墙（图 5-63），检测结果中，各项安全指标均达到了国家安全法规要求，这也被业界称作"拯救中国微车命运的一撞"。长安从此走上用市场思考问题、以质量赢得市场的旅途。

1999 年 6 月和 7 月，长安奥拓都市贝贝化油器型和电喷型相继上市。

2000 年 6 月，长安铃木推出名为快乐王子的奥拓新车型，一时间成为众多家庭的首选汽车。

凭借在微型车市场的绝对优势，长安汽车于 2001 年 7 月 13 日实现了第 100 万辆自主品牌汽车下线（图 5-64）。长安汽车开始了中国汽车自主品牌的发展之路。

笔记区

图 5-63　长安之星碰撞实验

图 5-64　长安汽车投放市场
100 万辆庆典仪式

2. "商转乘"开始第二次创业

21 世纪，市场的天平渐渐向乘用车市场倾斜。2003 年，为了满足大众日益

091

高涨的私家汽车出行需求，长安进军乘用车领域，这轮"商转乘"便是其第二次创业。

（1）强强联合，加速产业布局。

与海外品牌的合作让长安汽车收获了成功，其寻求成熟品牌合作的步伐也随之加快。

2001年4月25日，长安汽车股份有限公司和美国福特汽车公司共同出资成立了长安福特汽车有限公司，双方各持有50%股份。相继推出长安福特蒙迪欧、福克斯、翼虎、嘉年华等车型（图5-65），均获得了成功。

a)蒙迪欧　　　　　　　　b)翼虎　　　　　　　　c)福克斯

d)福睿斯　　　　　　　　e)翼博　　　　　　　　f)嘉年华

图5-65　长安福特汽车旗下车型

2004年10月，长安汽车股份有限公司和江铃汽车集团有限公司通过强强联合，成立江铃控股有限公司，投资总额为10亿元人民币，江铃集团与长安汽车各持有50%股份。

2007年4月9日，由重庆长安汽车股份有限公司和日本马自达株式会社联合组建的长安马自达汽车有限公司正式成立，这是马自达在海外唯一一家集研发、制造和销售为一体的整车制造型企业。其旗下拥有次世代Mazda 3昂克赛拉（图5-66）、Mazda CX-30、第二代Mazda CX-5、Mazda CX-8、Mazda CX-30 EV、Mazda 6、Mazda CX-4（图5-67）七大系列车型。

图5-66　次世代Mazda 3昂克赛拉　　　　　　图5-67　Mazda CX-4

长安汽车在不断壮大重庆大本营的同时，还在北京、河北、江苏、浙江、

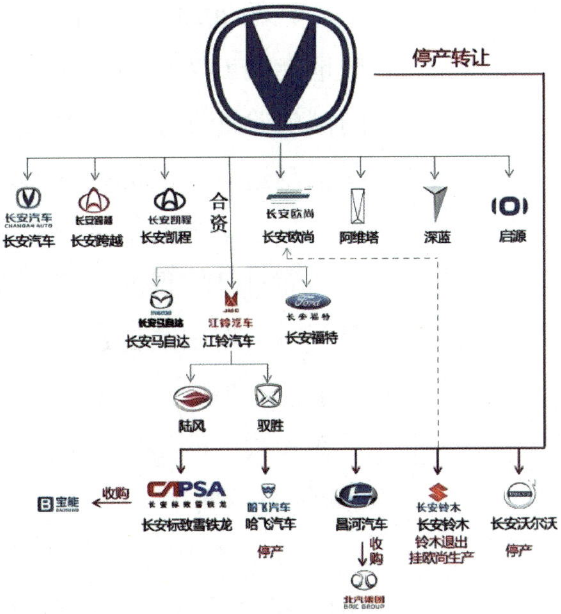

江西、广东、安徽建立生产基地，扩大产业布局。2006 年 1 月 15 日，在长安汽车的主管单位中国兵器装备集团有限公司的牵头下，以重庆长安为主体，成立中国南方工业汽车股份有限公司。2009 年 7 月 1 日，中国南方工业汽车股份有限公司更名为中国长安汽车集团。2009 年 11 月 10 日，中国兵器装备集团有限公司和中国航空工业集团有限公司对旗下的汽车业务兼并重组，中航汽车全部并入中国长安汽车集团，形成了全新的中国长安汽车集团股份有限公司，这也是我国汽车四大集团之一。图 5-68 所示为中国长安汽车集团股份有限公司旗下汽车品牌（图中虚线表示目前已取消合作的品牌）。

图 5-68　中国长安汽车集团股份有限公司旗下汽车品牌

2011 年 12 月 29 日，长安汽车迎来了第 1000 万辆汽车的交付仪式。同时，在逸动系列、悦翔系列、CS35、睿骋，以及全新奔奔等车型的集中攻势下，长安汽车在 2016 年总销量已突破 300 万辆。

（2）自主创新，筑牢发展根基。

长安人深知，创新才是一个企业生存发展的根基。2000 年，长安下定决心走上自主研发之路。

第一个研发项目是后来量产上市的长安 CM8 商用车。以当时的技术实力来看，成立于 1995 年的长安汽车工程研究总院独立研发新产品的难度较大。毫无全新车型开发经验的长安开发团队一时之间产生困惑，既不能完全依赖其他企业，而自身经验及实力又难以实现此次开发，从风险评估方面考虑，"走出去"做联合开发被认为是当时最有效的实施方案。经过反复挑选，长安最终选择了一家意大利设计公司，由他们主导来完成从造型到工程化设计的工作任务，而自己则派员参与，并解决投产过程中的一些实际问题。

经过此次历练，长安对造车又有了更为深刻的理解。其进一步深化"走出去"开发战略，继续在自主研发能力方面加大投入已成为长安内部的一种共识，也正是这一契机，2003 年，长安的欧洲设计中心在意大利工业之都——都灵——悄然落地。

现在，长安集团在全球有 14 个生产基地，33 个整车、发动机及变速器工厂，拥有来自全球 27 个国家的工程技术人员共计 1 万余人，分别在重庆、北京、河北定州、安徽合肥，以及意大利都灵、日本横滨、英国伯明翰、美国底特律和德国慕尼黑建立起各有侧重的全球协同研发格局。

笔记区

截至 2021 年 5 月 31 日，长安汽车全球研发中心拥有核心技术 1100 余项，申请专利 14746 件，其研发实力连续 5 届 10 年位居我国汽车行业第一。而严苛的试验验证体系全面保障了生产品质，这种"实干派"的精神让长安顺利成为我国制造业中的标杆企业。

3. 引领行业，创业界新高

面对已取得的成绩，长安汽车并没有停下自己前进的脚步。面对科技的发展、市场需求的变迁、消费群体的年轻化以及互联网带来的社会认知与需求的复杂化，2017 年，长安汽车发起"第三次创业"——创新创业计划，将文化、效率和软件能力打造成为核心竞争力，向智能低碳出行科技公司转型，重塑"新汽车＋新生态"，向世界一流汽车企业迈进。

2017 年 10 月，长安汽车新能源战略——香格里拉计划在北京正式启动。2018 年，长安汽车发布"北斗天枢"计划，以智能驾驶、智能网联、智能交互三大领域技术为支撑，深化对外合作，分阶段打造智能网联汽车。截至目前，长安汽车"第三次创新创业计划"已迭代至 5.0 版本，成果也已陆续落地。

笔记区

2022 年上半年，由长安汽车、华为、宁德时代三大巨头联合打造的阿维塔品牌，已于 8 月推出首款情感智能电动轿跑 SUV——阿维塔 11（图 5-69），定位于新能源中高端市场，截至目前，该产品订单已突破 2.5 万辆。而在新能源主流市场方面，公司则推出了长安深蓝首款战略车型——长安深蓝 SL03（图 5-70），该产品在发布起的 33 分钟内的订单突破 1 万辆，截至目前，累计订单已超 7 万辆，进一步为公司全面转型赋能蓄力。而在小型纯电动车领域，国民出行精品汽车——长安 Lumin 的首月订单突破 3 万辆，产品更是成功获得市场用户广泛青睐。

图 5-69 阿维塔 11　　图 5-70 长安深蓝 SL03

2022 年 8 月 29 日，长安汽车召开了以"数字智能　共创未来"为主题的第二届科技生态大会，在本次大会上，长安汽车正式对外发布长安汽车智能品牌——"诸葛智能"，并揭晓了面向用户全场景服务的智能汽车超级数字化平台——SDA 架构。该平台"硬件可插拔、场景可编排、生态可随需、系统自进化"的技术特征,不仅能为用户带来优异的驾驶性能、极致的视听体验、极速的交互响应,还能为用户提供随心享受的互联网生态服务。不仅如此,长安汽车还发布了基于 SDA 架构打造的首款"新汽车"——CD701 原型车(图 5-71),为用户提供全场景智慧出行新体验。

2024 年 10 月,长安启源首款产品启源 E07 正式上市。启源 E07 搭载七大智能技术,包括 SDA 天枢架构、长安天枢大模型、长安智驾等,实现形态、软件、功能可变。

随着第三次创新创业的全面推进,自 2018 年来,长安汽车陆续推出了 CS75、CS55、CS35 PLUS、CS85 COUPE 等 SUV 车型以及第二代逸动、逸动 DT、第三代悦翔等轿车车型,以全新的家族面貌再次赢得了市场的肯定。2021 年 5 月 10 日,长安汽车正式对外宣布,长安系中国品牌汽车第 2000 万辆汽车下线(图 5-72),这也意味着我国汽车工业迎来了属于自己的世界性品牌。

图 5-71 CD701 原型车

图 5-72 长安系中国品牌汽车第 2000 万辆
汽车下线仪式

长安汽车始终以"引领汽车文明,造福人类生活"为使命,以客户为中心,以产品为主线,持续提供高品质的产品和服务,为员工创造良好的环境和发展空间,为社会承担更多责任,奋力推进第三次创业——创新创业计划,向智能低碳出行科技公司转型,为成为世界一流汽车企业而不断努力、奋斗。

❓ **想一想**

长安与华为、宁德时代等企业开展跨界合作,实现优势互补。在学校社团活动或小组项目中,我们该如何借鉴长安的合作模式,与小组成员高效协作,共同完成目标?

笔记区 ✏️

故事六
汽车王朝的百年兴衰——通用

通用汽车经历一百多年的创新和发展，从 1908 年 9 月 16 日不被看好开始，到斯隆著名的"不同的钱包、不同的目标、不同的车型"战略；从收购雪佛兰、欧宝、沃克斯豪这些世界著名汽车品牌到如今重点发展新型"绿色"动力推进技术，其发展的市场已远远超出公司诞生地。

1. 从"马车国王"到"汽车天才"

20 世纪初，汽车还是一个新鲜事物。当时的汽车动力小、声音轰鸣、气味难闻，而且设备简陋，安全得不到任何保障，许多驾驶人在驾驶汽车过程中丧生。正因为此，许多人都竭力回避汽车，普遍认为汽车的发展毫无前途可言，使当时汽车行业的发展相当艰难。

别克汽车公司作为当时美国最主要的汽车生产企业之一，虽然已经获得了可以生产出高质量发动机的名声，但是在经营上出现了问题，不仅资金短缺，而且供应商已停止供货。在 1903 年夏天，别克公司的所有者大卫·邓巴·别克（David Dunbar Buick）不得不宣布出售他的公司。

当时，美国最大的马车制造商威廉·杜兰特（William Crapo Durant）也不看好汽车的发展。然而，在 1904 年 9 月 4 日，乘坐了朋友的别克（Buick）汽车后，杜兰特彻底改变了自己原来的想法和态度，下定决心接管"别克"这家销售极差、负债累累的汽车生产企业。

1904 年 11 月 1 日，杜兰特成为别克公司董事长，持有别克公司 65% 的股份。主持别克公司之后，杜兰特在汽车销售上下足了功夫，加上别克车的耐用性和动力强劲使其声名大振。

图 5-73　别克 1907 款 D 型车

1907 年，别克推出了第一款四缸汽车，即 1907 款 D 型车（图 5-73）。

1908 年，别克以 8820 辆的销量成为美国最大的汽车制造商，超过了当时最主要的两个竞争对手——福特和凯迪拉克的销量之和。

2. 缔造通用

1908 年 9 月 16 日，乔治·丹尼尔斯等三人以 2000 美金的少量投资，在美国新泽西州联合组建了早期的通用汽车公司。同年 9 月 28 日，杜兰特列席了通用的内部会议，并表示自己愿意把别克公司出售给通用，他本人愿意为通用效力。3 天后，通用以 375 万美金的价格收购了别克公司，杜兰特如愿以偿地进入了通用。

公司规模的扩大使杜兰特十分乐观，他认为通用每年在美国市场上出售 50 万辆汽车是一件轻而易举的事情。为此，他认为应该将当时的一些汽车产销商合并起来，组成一家大的汽车公司。于是，他采用了以股票换股票的方式将 20 多家汽车制造厂、汽车零部件制造厂及汽车销售公司合并起来。其中，包括奥兹（后来改名为奥兹莫比尔）、奥克兰（后来改名为庞蒂克）、凯迪拉克等知名汽车企业，形成了一家巨型汽车集团。

然而，1910 年，当汽车销量在福特公司的激烈竞争下大幅下滑，通用出现了严重的资金危机，杜兰特被解除了总经理的职务。

退出通用的杜兰特并不甘心于自己的失败，他同路易斯·雪佛兰组成了雪佛兰汽车公司。杜兰特于 1916 年重新取得通用公司的领导权，并使其变成了雪佛兰的一家子公司。后来，杜兰特成立了股份制的新通用汽车公司，并用新"通用"股票调换老"通用"股票，取得了老"通用"的全部股权。

1917 年 8 月 1 日，新"通用"完全取代了老"通用"。

重新获得了通用公司的领导权以后，杜兰特只热衷于公司规模的扩大，却不去研究公司内部管理，导致了通用公司在 1920—1921 年间的严重危机。在公司上下的一片反对声中，杜兰特被迫于 1920 年 11 月辞职，永久地离开了通用公司。

笔记区

3. 斯隆开创通用巅峰时代

面对内忧外困的通用公司，阿尔弗雷德·斯隆被任命为通用公司总裁。面对杜兰特留下的一大堆杂乱无章的车型，他运用一流的管理"柔道"，成功地化劣势为优势。他发誓要为"每一个钱包、每一种用途"生产一款汽车，因此，在他的领导下，通用汽车生产了从贵族气的凯迪拉克（图 5-74）到大众型的雪佛兰，并相应地改造了生产线。

图 5-74　1922 年款凯迪拉克 Type61 豪华轿车

1923 年年底，福特公司在美国汽车销售市场上的份额从 60% 跌至 52%。到了 1936 年，通用汽车在国内市场的份额已攀升至 43%，而福特公司的市场份额则跌至 22%。

通用超越福特成为世界汽车制造公司之首，1997 年，通用生产汽车达 800 多万辆，占全球汽车生产总量的 1/6。旗下曾拥有别克（BUICK）、凯迪拉克（Cadillac）、雪佛兰（Chevrolet）、GMC、通用大宇（GM DAEWOO）、霍顿（Holden）、悍马（Hummer）、欧宝（OPEL）、庞蒂亚克（PONTIAC）、萨博（Saab）、土星（Saturn）和 VOLVO（与沃尔沃合资组建沃尔沃通用重型载货汽车公司）（图 5-75）。

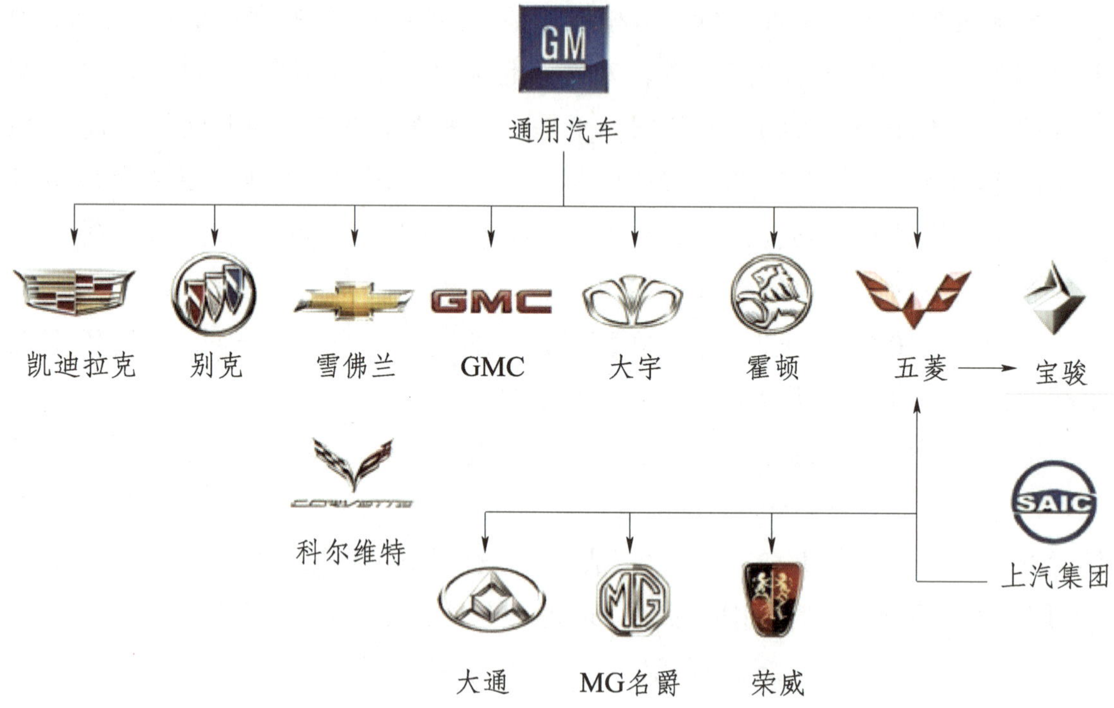

图 5-75　通用曾经旗下的品牌

4. 百年"通用"遇百年危机

从 1927 年以来，美国通用汽车公司一直是全世界最大的汽车公司。然而，从 2005 年开始，通用汽车公司几乎是一直在亏损，其在 2007 年度的财务报告显示亏损达到 387 亿美元，创下公司成立 100 年来最大年度亏损额。

2008 年，经济衰退和信贷萎缩令通用遭受重创。12 月 2 日，通用汽车公司进入预重整阶段。2009 年 2 月 17 日，通用汽车公司向美国财政部提交了更为详细的重整方案。5 月 29 日，通用股价收报 75 美分，与历史最高点的每股 94.63 美元相比，通用股价已经下跌了 99%。

2009 年 6 月 1 日，通用汽车公司正式申请破产保护，进入破产重整程序。为确保通用汽车公司在破产保护下继续运营，美国政府再向通用汽车公司提供大约 300 亿美元的资金援助。

5. 新"通用"踏上新征程

通用汽车公司通过破产保护程序，于 2009 年 7 月 10 日早上完成资产出售交易，新通用汽车公司正式成立。新通用汽车公司将承担 480 亿美元债务，同时获得通用汽车公司的优质资产，如雪佛兰、凯迪拉克、别克等通用品牌，以及包括中国业务在内的通用汽车公司的海外业务。

在新通用公司中，美国联邦政府持有60%的股份、加拿大政府持有12.5%的股份，美国汽车工人联合工会（UAW）持股17.5%，债权人将获得10%的股权。

美国政府的紧急输血使其获得喘息之机，并随着整体经济形势的好转与自身的重组，新通用公司重新回到了正确的轨道。

新通用公司不断推出"更好性能、更低能耗、更少排放"的绿色产品，受到了消费者的青睐。除了普及小排量、涡轮增压、缸内直喷等技术，进一步提升内燃机的工作效率，在混合动力、电动车技术等新能源技术方面，也取得了阶段性的成果：别克君越 eAssist 混合动力车（图 5-76）、雪佛兰沃蓝达 Volt 增程型电动车（图 5-77）、赛欧电动概念车（图 5-78）以及代表未来可持续交通解决方案的 EN-V 电动联网概念车（图 5-79）等。

笔记区

图 5-76　别克君越 eAssist 混合动力车

图 5-77　雪佛兰沃蓝达 Volt 增程型电动车

图 5-78　赛欧电动概念车

图 5-79　EN-V 电动联网概念车

2011 年，通用汽车公司在全球的汽车年销量为 902.59 万辆，与 2010 年相比增加了 7.6%。这一数据再次将其他汽车企业甩在了身后，使通用汽车公司重新回到世界第一的宝座。

2013 年第三季度，通用汽车公司的年销售额达到 390 亿美元，利润达到 26 亿美元。

2014 年，通用汽车公司旗下多个品牌全系列车型畅销于全球 120 多个国家和地区，包括电动车、微型车、重型全尺寸卡车、紧凑型车及敞篷车。

2016 年 1 月 4 日，美国通用汽车公司宣布，公司董事会全票表决通过任命首席执行官玛丽·巴拉兼任董事长，任命立即生效。

2017 年 6 月 7 日，《财富》美国 500 强排行榜发布，通用汽车公司排名第 18 位。

2018 年 7 月 19 日，《财富》世界 500 强排行榜发布，通用汽车公司位列 21 位。

2021 年 5 月 26 日，美国通用汽车公司宣布，将与美国洛克希德—马丁公司合作，开发一款自主驾驶的电动越野月球车。

2022 年 4 月 6 日，通用汽车和本田宣布达成合作，双方将基于新平台开发多款低价电动汽车，并计划从 2027 年开始大规模生产。

故事七
为世界装上车轮——福特

福特汽车公司创立于 20 世纪初，凭着创始人亨利·福特"制造人人都买得起的汽车"和卓越的远见，历经一个世纪的风雨沧桑，终于成为世界四大汽车集团之一。

1. 世博会催生福特汽车

1893 年，芝加哥世博会影响了整整一代美国人，其中就包括爱迪生电气公司的工程师亨利·福特（Henry Ford，1863 年 7 月 30 日—1947 年 4 月 7 日）。在密歇根湖畔的展馆中，30 岁的福特被一辆四轮汽车吸引，这就是汽车泰斗戴姆勒的"经典之作"。福特从里到外贪婪地研究了戴姆勒汽车的每个细节，便急匆匆赶回底特律家中的小作坊。

图 5-80　亨利·福特坐在自己的第一辆汽车上

1896 年 6 月 4 日，亨利·福特将他的第一辆汽车——一辆手推车车架装在四个自行车车轮上的四轮车（图 5-80）开上了底特律大街。

1899 年，亨利·福特建立起一座小型汽车制造厂，研制出了他的第二辆汽车和"999"号赛车，并在 1901 年和 1902 年美国底

笔记区

特律全国汽车大赛上夺得冠军，而且还刷新了全美纪录。

1903 年 6 月 16 日，亨利·福特和 11 个初始投资人签署了文件，在底特律成立了福特汽车公司，开始制造大众实用的汽车。

2. 福特的"万能车"

公司成立后的五年中，亨利·福特和他的工程师们制造了 21 种车型，从字母表中的 A 直到 S 车型。虽然 A 型车（图 5-81）和 N 型车的销量为公司带来了很好的收益，但福特始终在坚持一个梦想——生产一种适合大众市场、价格低廉的汽车。

1908 年 10 月 1 日，福特终于实现了他的梦想，福特 T 型车终于驶下了工厂的生产线（图 5-82）。

图 5-81　1903 年款福特 A 型车

图 5-82　福特 T 型车

笔记区

T 型车搭载四缸汽油发动机，最大功率 20 马力，最高时速 72 千米，售价仅为 850 美元，是当时美国市场上其他汽车价格的三分之一。T 型车赢得了千千万万美国人的心，人们亲切地称之为"莉齐"。T 型车第一年的产量达到 10660 辆，打破了当时汽车业有史以来的所有纪录，福特也称其为"万能车"。

1927 年 5 月 26 日，最后一辆 T 型车开出了装配线，T 型车停产。此时 T 型车在全球售出超过 1500 万辆，超过当时全球汽车销售总量的 50%，成为当之无愧的"世纪之车"。

3. 为世界装上车轮

不断传来的 T 型车订单，使传统的手工式生产已经不可能完成如此高的产量。1913 年，福特受屠宰厂的"流水式"作业方式的启发，在密歇根州海兰公园制造厂推出了全球第一条流水生产线（图 5-83），从一个零件开始到一辆整车，都在这条流水生产线上完成。

随着生产工艺的不断改进，生产效率大幅度提高，福特公司生产一辆 T 型车的时间，从原来的 12 小时缩短为 24 秒。大大提高了效率的生产方式一直延续到今天。

尽管 T 型车取得了非常大的成功，但是多年来基本上没有什么变化，使得福特渐渐失去了市场地位。

  T型车停产后，福特公司转而生产全新的A型车（图5-84），A型车在各个方面都有了巨大的改进，使其在1927年年末—1931年间，共计450多万辆不同车身造型和不同颜色的A型车行驶在美国的大街小巷，使福特从雪佛兰手中重新夺回了汽车销售量的"头把交椅"。

图5-83 福特流水生产线

图5-84 1927年款全新A型车

  A型车的成功，开启了福特产品改良的步伐，不断推出经典车型（图5-85），为福特创造出一个又一个传奇。

a)1949年第一代福特F系列皮卡

b)1955年福特雷鸟

c)1964年福特野马

d)1993年福特蒙迪欧

e)1995年福特稳达

f)1998年福特福克斯

图5-85 福特经典车型

4. 多元化经营

福特汽车公司从 1925 年收购了林肯汽车公司开始，旗下曾经拥有八大汽车品牌，包括福特（Ford）、林肯（Lincoln）、水星（Mercury）、阿斯顿·马丁（Aston Martin）、捷豹（Jaguar）、马自达（Mazda）、沃尔沃（Volvo）和路虎（Land Rover）。

其中，捷豹、路虎已出售给了印度的塔塔，马自达已减持股份，沃尔沃出售给了吉利集团，阿斯顿马丁也已出售，水星系列停产（图 5-86）。

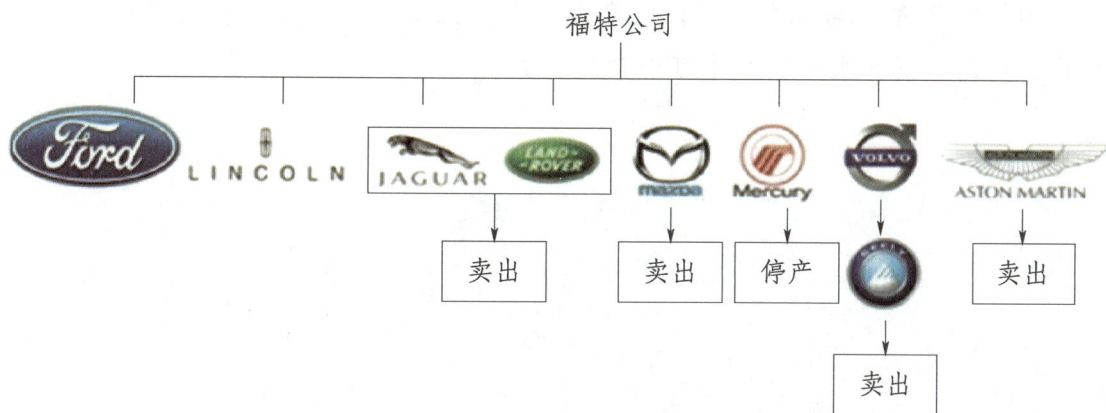

图 5-86　福特旗下的品牌

亨利·福特二世的战后重组计划使公司迅速恢复了元气，并进一步推出了扩展计划，最终在美国成立了 44 个制造厂、18 个装配厂、32 个零件仓库、两个大型试车场和 13 个工艺开发和研究机构。除大规模增加福特车辆制造设施外，这项计划还引入了公司多样化经营，涉及金融、保险、配件与服务、电子、玻璃、航空和汽车租赁等领域。

5. 奔向世界的小白兔

亨利·福特成立汽车公司时，用自己的姓氏"Ford"作为了公司的名称和商标。

1911 年，商标设计者为了迎合亨利·福特十分喜爱动物的嗜好，将英文"Ford"设计成为形似奔跑的白兔形象，博得了福特的欢心和认同。

历经 8 次演变（图 5-87），福特汽车公司的商标形成了蓝底白字的英文"Ford"字样，被艺术化了的"Ford"形似活泼可爱、充满活力、美观大方的小白兔。"Ford"犹如在温馨的大自然中，有一只可爱、温顺的小白兔正在向前飞奔，象征福特汽车奔驰在世界各地，令人爱不释手。

a)1903年　　b)1909年　　c)1912年　　d)1912年

图　5-87

笔记区

e)1927年　　　　f)1957年　　　　g)1976年　　　　h)2003年

图 5-87　福特商标的8次演变

? 想一想

福特靠 T 型车与流水线，让汽车走入大众生活。如果未来你想在职场取得突破，从这种创新生产模式中可以学到什么？

故事八
由棉纺厂到汽车帝国——丰田

笔记区

2014 年的汽车品牌全球销量排行榜中，一个汽车品牌以 8304870 辆的销量领先，成为世界销量冠军，同时全球销量也累计超过 4000 万辆，这是汽车界的神话，而缔造这个神话的就是日本的丰田汽车。

1. 丰田喜一郎的远见

1929 年，丰田织机公司技术常务经理的丰田喜一郎（Kiichiro Toyoda，1894—1952 年）在父亲（丰田佐吉）的公司任职期间前往欧美出差，欧美工业革命的蓬勃发展，以及汽车的广泛存在使他认定汽车会成为未来重要的交通工具，因而决定建立自己的汽车产业。

丰田喜一郎的想法得到了父亲的支持，于是，派他前往英国与国外纺织厂签订专利权约。期间，他用 4 个月研究英国的汽车交通，并前往美国福特工厂参观学习。

1930 年，丰田佐吉临终前同意以 10 万日元的资金让丰田喜一郎投入汽车研制工作。同年，在丰田自动织布机工厂的一角开辟了一个汽车研究室；1933 年丰田喜一郎成立了汽车部。就这样，自动织布机工厂终于转而开始筹备制造汽车了。

1933 年 4 月，丰田喜一郎购回一台美国雪佛兰汽车，对其发动机进行反复拆装、研究、分析、测绘。到了 1933 年年底，丰田喜一郎与他的团队已经基本掌握了造车技术。他们急需用实践来检验。1934 年，他的同学限部一雄从德国购回一辆德国产的 DKW（奥迪前身汽车公司之一）的前轮驱动汽车，经过连续两年的研究，终于在 1935 年 8 月造出了第一辆 A1 型轿车（图 5-88）和第一辆丰田 G1 型载货汽车（图 5-89）。

图 5-88　丰田 A1 型轿车

图 5-89　丰田 G1 型载货汽车

1936 年，由 A1 型轿车改进而来的 AA 型轿车（图 5-90）开始投产，次年 AB 型车上市。AA 型轿车是一款大型轿车，外壳呈流线型，很美观，配备六缸 3.4 升发动机，输出功率为 62 马力（46 千瓦）。但日本当时汽车保有量极小，最

图 5-90　丰田 AA 型轿车

初每个月的产量仅有 150 辆。1937 年，Toyoda 公司共生产汽车 4013 辆。其中，AA 型轿车和 AB 型敞篷车只占 577 辆。

1937 年 8 月 28 日，汽车部宣告从丰田自动织机制作所独立出来，作为一家拥有 1200 万日元资本金的新公司，"丰田自动车工业株式会社"从此踏上了自己崭新的历程。也正是在这个时期，公司决定把名称改为 Toyota（丰田）。

2. 挑战难关

新公司成立时，适逢席卷世界的经济危机冲击着日本经济，而对日本汽车工业抱着坚定信心的丰田喜一郎不顾周围人的反对意见，果断地决定再投入 4500 万日元巨资新建总厂。此时，战争爆发了，丰田公司被纳入了战时军需工业生产，陆军将其所有库存载货车一次购光，这才使其摆脱了危机。

1940 年，丰田生产了约 15000 辆汽车，其中 98% 是客货两用车。

1941 年 12 月，太平洋战争爆发，生产汽车所必需的原材料进货一天比一天困难。在这种情况下，丰田曾经生产过不带散热器格栅的、木座椅、木车厢、仅有后轮制动和一只前照灯的载货汽车，甚至将报废汽车上还能使用的部分拆下来拼凑在一起，生产所谓的"再生汽车"。

战后，1945 年 9 月，丰田公司决定生产小型车，与美国汽车进行差异化竞争。1947 年 1 月，第一辆小型轿车——丰田 SA 的样车（图 5-91）终于试制成功。根据流体力学原理，这辆样车采用了流线型车身和脊梁式车架结构，配以

笔记区

图 5-91　丰田 SA 型轿车

四轮独立悬架构成了一种全新的车体机制，最高时速达到 87 千米。

公司即将走向稳定之时，战败混乱局面影响了日本经济，物资紧缺，物价上涨，通货膨胀率高。为挽救濒于崩溃边缘的经济，日本政府采取彻底的通货紧缩政策，严格禁止从复兴金库或城市银行贷款。这导致国内购买力极度低下，对本来就处于困境的日本汽车工业来说无疑是雪上加霜，使其遭受市场需求锐减和资金周转恶化的双重打击，丰田也因此陷入债台高筑的困境。

终于，丰田公司给职工发放工资都成了问题，拖欠工资现象越来越严重，甚至不得不酝酿裁减人员的计划。这种情况发展到 1949 年 4 月，终于引发了由工会组织的大罢工。正当这时，以三井银行为首组成的银行团作出决定为丰田提供重建公司的协调融资，但条件是要求丰田的销售部门实行独立经营。于是，在 1950 年丰田汽车销售公司成立。

1950 年 6 月，朝鲜战争爆发，美军 46 亿日元的巨额订单，使丰田迅速发展起来。1950 年，汽车产量增至 11706 辆。

3. 双冠齐发力成为"世界第三"

1955 年，丰田才推出一款设计精巧、排量 1.5 升的小轿车，命名为皇冠 RS（图 5-92），两年后又以 Toyopet 的名称将其出口到美国。其实该车极为传统，没有使用任何现代技术，只是做得十分精巧而已，加上配置齐全，结实牢靠，价格也不贵，确实比大众甲壳虫车有魅力，在美国市场也取得了不错的业绩。皇冠车促使丰田公司迅速在美国、委内瑞拉、泰国和南非等国设立了销售网点，其后又在上述 12 个国家建立了工厂，价廉物美的丰田汽车风行全球大市场。1962 年，丰田开始进军欧洲。这一年，丰田汽车产量首次突破了百万大关。

图 5-92　第一代皇冠 RS

1966 年，Corolla（花冠，现在称为卡罗拉）绚丽登场。Corolla 可以说是丰田历史上最成功的车型，它将丰田带入一个前所未有的光明前景中，从开始生产到现在已经生产到 12 代，累计销量超过了 5000 万辆，成为世界单一品种销量最多的汽车。1967 年以后，丰田进入全盛时期，公司的发展可谓势如破竹。

20 世纪 60 年代，以经济大发展为背景的日本汽车市场出现了前所未有的

笔记区

增长势头，在这种情况下，丰田根据需求持续加大了对新工厂、新设备的投资。1970 年年底，丰田又推出小型跑车 Celica，不断完善着自身的产品阵容。1971 年，丰田年产量达到了 200 万辆，一跃成为世界第三大汽车制造商。

4. 推陈出新　称霸车坛

1974 年，丰田与日野、大发等 16 家公司组成了丰田集团，同时与 280 多家中小型企业组成协作网。1982 年 7 月，丰田汽车工业公司和丰田汽车销售公司重新合并，正式更名为丰田汽车公司。

1983 年，为了与本田的雅阁系列轿车在北美争夺市场，丰田推出了佳美（Camry）车系。第一代 Camry 诞生后，几乎成了丰田除花冠以外最受欢迎的车型，这款车型至今依然广受欢迎，它在中国有了另一个动听的名字"凯美瑞"（图 5-93）。

1983 年 8 月，丰田成立了专门在国外销售豪华车的一个分部——雷克萨斯（Lexus，过去译为凌志）（图 5-94）。

笔记区

图 5-93　丰田 2015 年款凯美瑞

图 5-94　2015 年款雷克萨斯 LF-CC 概念车

1997 年，丰田推出了"环保汽车"普锐斯（Prius）（图 5-95），成为世界首款大量生产的混合动力汽车。

2002 年，丰田在纽约车展新闻发布会上宣布了新的品牌——赛恩（Scion，图 5-96）。其具有的时尚、多功能、新奇的特点，赋予了品牌全新的生命。

图 5-95　2015 年款普锐斯

图 5-96　丰田赛恩

2005 年，丰田汽车公司从通用汽车公司买入斯巴鲁 8.7% 的股份，成为斯巴鲁最大的控股人。

截至 2005 年，丰田汽车公司在全球 26 个国家建立了汽车制造厂 51 家，成为世界最大汽车制造商，在世界汽车生产业中有着举足轻重的作用（图 5-97）。

图 5-97　丰田旗下品牌

自 2008 年起，丰田汽车公司逐渐取代通用汽车公司，成为全世界排行第一的汽车生产商。2019 年，丰田乘用车销量位列世界第二名。

2023 年 12 月，丰田汽车在日本市场发布了全新皇冠 SPORT PHEV（插混版）车型。新车搭载 2.5L L4 发动机与电机组成的插电混动系统，综合最大功率 222 千瓦、纯电续驶里程 90 千米、综合续驶里程超过 1200 千米，并配备 1.5 千瓦外放电功能。标志着丰田在混动技术领域的进一步突破，其长续驶里程、快充能力与运动化定位，为丰田在电动化转型中提供了差异化的市场突破口。

5. 心系客户　面向未来

丰田汽车公司成立时，丰田喜一郎用自己的姓氏作为公司的名称和商标。早期的日本"丰田"牌汽车商标，是将"TOYOTA"拼音的第一个大写字母"T"标在发动机散热器格栅上，而将公司名称的拼音形式"TOYOTA"标在车头或车尾上（图 5-98）。

1989 年 10 月，"丰田"创立 50 周年之际，发布了新商标（图 5-99），新商标设计的重点是由椭圆形组成的左右对称的图形。椭圆是具有两个中心的曲线，表示汽车制造者与客户心心相印。并且，"TOYOTA"的第一个字母"T"，是由三个椭圆形成一个程式化的"T"，它被定义为"消费产品的灵魂工会"。背后的空间表示"TOYOTA"的先进技术在世界范围内拓展延伸，面向未来，面向宇宙，不断飞翔。

图 5-98　早期的丰田商标

图 5-99　丰田新商标

想一想

丰田汽车靠着精益的生产模式，大幅提升生产效率、降低成本。借鉴丰田精益生产理念，在学校组织的技能比赛或小组项目里，我们该如何优化流程，提升团队协作效率，减少资源浪费，让项目成果更出色呢？

故事九
梦想造就技术传奇——本田

笔记区

本田技研工业株式会社成立于 1948 年，创始人是本田宗一郎。仅半个世纪，本田（Honda）在全球 29 个国家和地区拥有了 130 个以上的生产基地，产品包括摩托车、汽车和通用产品等，是全球最大的摩托车厂家，汽车的产量和规模也排名世界十大厂家之列。

1. 小发明成就大神话

本田宗一郎自幼便喜爱一切机械设备。高小毕业后，16 岁的他来到东京一家汽车修理厂当学徒，6 年后，自己开了一家只有 1 位雇员的汽车修理店。

本田宗一郎在机械工程方面有创造天赋，发明了替代木质轮圈的金属轮圈，并在 1931 年获得了专利。1934 年本田宗一郎用专利费创建"东海精机公司"。第二次世界大战后，日本经济上受到了巨大打击，公司处境艰难。1945 年，本田宗一郎将"东海精机公司"转让给丰田。

1946 年 10 月，本田宗一郎在滨松设立了"本田技术研究所"，主要生产纺织机械，这是他人生旅途中的一个重大转折点。

战后的日本资源非常紧缺，汽车没有燃油上路，火车被迫超载运行并且经常停车，而崎岖不平的山路又使骑自行车的人感到十分费力。本田宗一郎看到这一点后，马上想到了陆军在战争期间留下的许多无线电通信机，它们不正是可以安装到自行车上去的动力机吗？于是，他以低价购到一批通信机，拆下其上的小汽油机，并用水壶作油箱，改制成一架小汽油机后安装到自行车上，做成一种新型的"助动脚踏车"。这种助动车能让出行变得更加轻松，因此，很快就成为热销品。

1947 年，当旧通信机用尽以后，本田宗一郎又亲自动手研制了 50 毫升双缸"A 型自行车马达"，这就是最早的"本田摩托发动机"，也是本田 A 型摩托

（图5-100）批量生产的开始。

1948年9月，他正式组建了"本田技术研究工业总公司"并自任社长，用自己的姓氏作为公司的名称和商标，从此揭开了本田大发展的序幕。他亲自主持研制了双缸98毫升、1.7千瓦（2.3马力）的"D型"发动机，并以此为基础推出了"本田—梦幻D型"摩托车（图5-101）。

图5-100　最早的本田A型摩托

图5-101　本田—梦幻D型摩托车

笔记区

20世纪50年代，本田又相继推出了梦幻E型、Cub F型、Benly J型、Super Cub C100等车型。经过12年的发展，到1959年，本田已经成为世界上最大的摩托车制造商。

然而，本田宗一郎并不满足于仅仅制造摩托车，他认为制造摩托车只是作为生产发动机的一种应用，而制造汽车才能发挥他的全部才能。为了准备造车，本田在1957—1958年期间建起了新的研发机构，并聘请近50名工程师进行了长达数年的原型车开发及测试。

2. 再创汽车神话

本田制造的第一款车是名为S360的前置后驱跑车，该车于1962年6月首次在铃鹿赛道亮相，不过此后并没有量产。同年10月，在东京车展上，本田除带来S360以外，还发布了两款新车：本田微型载货车T360（图5-102）和本田S500（图5-103），并在1963年开始量产发售。从此，本田正式开启了汽车事业。

图5-102　本田微型载货车T360

图5-103　本田S500

1967年，本田推出了采用前置前驱布局的N360微型车（图5-104）。该款车一经推出便很快受到市场的认可。在随后的三年里，N360击败当时的老大哥丰田，荣膺国内销售三连冠。

随后，本田又针对海外市场推出了拥有更大排量的N600车型（图5-105）。1969年，N600出口到美国，本田汽车开启出口的轨迹。

图5-104 本田N360微型车

图5-105 本田N600

3. 开启全球节能环保时代

20世纪60年代，美国环保署制定了一系列尾气排放标准，对此，美国三大汽车公司都表示环保署的目标不切实际，因为根本不可能有这样的发动机。但是，本田汽车于1971年发布了CVCC（复合涡流调整燃烧方式）发动机（图5-106）。搭载CVCC技术的本田汽车率先通过的美国马斯基法规《美国大气污染防治法》的测试，超越了苛刻的排放法规，开启了全球节能环保新时代，也为日系车企以经济、省油称霸全球打响了第一枪。

1972年，本田正式发布了CIVIC思域车型（图5-107），该车出自本田全新的前置前驱微型车平台。本田CIVIC拥有比N系列/Z系列稍大的车身尺寸，发动机排量也增加了近一倍。1973年，第一次石油危机和1978年第二次石油危机，使人们将更多的关注投向了CIVIC这样的经济型小车，而正是凭借这款车的热销，本田在世界汽车舞台上站稳了脚跟。

图5-106 本田CVCC发动机

图5-107 1972年款本田第一代思域车型

1988年，本田又成功研发出了VTEC可变气门正时和升程发动机（此后升级为i-VTEC技术），并推出"零污染排放汽车"，让其继续保持节能环保的技术优势。

2019年，本田汽车销量约483万台，位居世界第七。同年10月，本田上榜智能驾驶技术领域专利申请量排名前十的公司（机构），排名第四。

笔记区

VTEC可变气门正时和升程发动机

4. 尖端领域成绩斐然

到 20 世纪 80 年代中期，当两次石油危机的阴影逐渐散去，消费者对于汽车的购买需求也悄然发生了转变，豪华车成为人们新的目标。于是，本田在 1985 年推出了旗舰车型 Legend 里程（图 5-108）以及豪华轿跑车 Quint Integra（图 5-109）。

图 5-108　1985 年款本田 Legend 里程　　图 5-109　豪华轿跑车 Quint Integra

不过这于此前一直在推出经济型车辆的本田来说，豪华车型其实与本田品牌稍显格格不入，于是，这家经济型轿车制造商决定建立自己的豪华车品牌。1986 年，本田正式推出其旗下高端品牌 ACURA 讴歌（阿库拉）（图 5-110），并在 1990 年生产了号称日本法拉利的 NSX 超级跑车（图 5-111）。

图 5-110　本田汽车旗下品牌　　图 5-111　1990 年款本田 NSX 超级跑车

图 5-112　本田汽车商标

除了汽车和摩托车之外，本田在船外机、机器人、航空航天领域均有涉足，并取得了举世瞩目的成绩。

今天，正如本田三弦音箱式"H"商标（图 5-112）所展示的，本田汽车把技术创新、团结向上、经营有力、紧张感和轻松感体现得淋漓尽致。

？ 想一想

本田汽车坚持"技术为本"的理念，即使在遭遇经济危机时，该公司也不削减研发投入。当我们在学习中遇到困难而想放弃时，能从本田汽车这种坚持中学到什么？

故事十
小马扬蹄开启汽车神话——现代

1967 年，郑周永一手创办现代汽车。与全球其他领先的汽车公司相比，现代汽车历史虽短，却浓缩了汽车产业的发展史，它从建立工厂到能够独立自主开发车型仅用了 18 年（1967—1985 年），并成为韩国最大的汽车集团，跻身全球汽车公司 20 强。

1. 郑周永的汽车梦想

出生在现属朝鲜的江原道通川郡贫农家庭的郑周永，历经挫折后，终于在 23 岁那年成为米店老板，并获得了创业的第一桶金。

1937 年，日本发动战争后，朝鲜成为战争的重要基地，郑周永失去了他的米店。

郑周永找到了修理汽车这一行当，他筹措 5000 元钱买下一家汽车修理厂。然而修理厂开业仅 25 天，一场大火就吞噬了修理厂的一切。

残酷的现实并没有让郑周永低头，1940 年，他再次创建了阿道服务（A-do Service）汽车修理厂。该厂以勤劳和诚实为理念，且修理汽车的时间比竞争对手缩短一半，从而给郑周永带来了极大的利润。

汽车，成为郑周永商业梦想开始的地方，后来在建筑、钢铁业上取得了巨大成功的他从没有忘记过汽车。

1967 年，郑周永怀着"将汽车产业发展成为引领韩国经济的出口战略型产业"的远大理想成立了现代汽车。

2. 世界车坛的黑马

1968 年，现代与福特签署了合作协议，即由福特负责向现代提供生产轿车及轻型卡车所必需的技术。福特公司对这个合作并不上心。面对合作伙伴冷淡的态度，郑周永果断决定"独立自主"，生产百分之一百的国产汽车，最终双方的合作在 1973 年宣告结束。

当然，现代公司并不是赌气，他们开始像海绵一样吸取福特汽车的经验。1974 年投资 1 亿美元建设了能年产 5.6 万辆汽车的新厂，开发现代拥有自主所有权的轿车车型。1975 年，该厂建成，小汽车国产化率达到 100%。

笔记区

图 5-113　最早期的现代 pony

1975 年，现代汽车决定走向世界，与三菱公司结盟。1976 年，现代汽车通过从美国学到的生产技术和引进乔治墩布尔设计师设计的车型投产了现代汽车的第一个自主车型——现代小马（Pony）汽车（图 5-113），平滑的车身配置 1.238 升及 1.439 升两款发动机，以 5900 美元的空前超低价位，引发消费及产业界的极度震撼，小马很快就在韩国市场形成垄断并风靡全球。仅 1976 年一年，就有价值 250 多万美元的小马汽车出口到南美、中东和非洲的许多国家和地区，成为继日本之后亚洲第二个自主研发的车型。

　　1983 年，小马汽车销往加拿大，一炮走红，好评如潮。为顺应北美地区市场需求，现代在 1985 年推出小马汽车的升级版——Exce 1（卓越）。卓越一上市，就受到北美地区消费者的追捧，不仅创下加拿大当年进口车的冠军纪录，同年在美国创下了 16 万辆的销售奇迹，成为汽车市场上一匹实实在在的黑马。

3.　"现代精神"奠定现代汽车

　　"小马"对世界宣布了现代汽车的存在，却依然受到嘲笑。1990 年，美国 NBC 主持人雷诺在脱口秀节目中讲到现代汽车。他说：我经过两年的研究，终于懂得了韩国车跟美国车有什么区别，美国人造的汽车要开才会动，韩国人造的汽车要推才会动，而且还是下坡的时候。美国人认为韩国人就这个水平，你能造什么汽车呢？

　　那段被人嘲笑的日子，郑周永的"创造、开拓、刚毅和勤俭"现代精神，让现代汽车在荆棘中勇敢向前。

　　1992 年，现代汽车公司在底特律车展上推出完全自主研发成功的第一款概念车——HCD-1（图 5-114），其造型前卫，线条流畅，鹰眼式前照灯更是开风气之先，最"可怕"的是这辆双座小跑车的售价只要 1.4 万美元，令当时类似的美国车、德国车根本无法相比，立即震惊了整个世界。

图 5-114　1992 年款现代 HCD-1

　　1998 年，现代汽车公司度过了艰难的一年。国内市场的销售量严重下降。然而，随着 EF 索纳塔（图 5-115）和 XG 君爵（图 5-116）车型的成功推出，出口量持续增长，这也部分抵消了国内市场的销量下降。这期间现代汽车收购起亚汽车厂以及与 HPI 和 HMS 的合并，使工业结构重组，令其达到了全球市场中竞争所需

笔记区

的经济规模。

图 5-115　现代索纳塔

图 5-116　现代 XG 君爵

1999 年度，对现代汽车来说是一个非常活跃和富有收获的年度。现代汽车公司又推出了其四款最新车型：世纪（Centennial）、雅绅（Accent）、酷派双门轿车 Coupe（图 5-117）改进型和特杰（Trajet）（图 5-118）。特杰是现代汽车首次推出的 MPV 车型，它的成功推出令现代汽车进入了世界轿车市场的一个新领域，进一步拓宽了现代汽车公司庞大的车型系列。

图 5-117　现代酷派双门轿车 Coupe

图 5-118　现代特杰

如今，现代拥有世界最大规模的汽车生产基地蔚山工厂、全州车厂、牙山工厂、8 个研究中心，拥有韩国唯一的具有国际水平的汽车综合试验场等，主要产品有 Accent、Sonata 等轿车以及各类大中小型客车、载货汽车、牵引车、自卸车和各种专用汽车等，各类型汽车年产能力 145 万辆。

现代汽车以自己的努力和技术革新，在全世界 190 多个国家和地区拥有近4000 家销售商，稳居全球第四大汽车厂商。

现代汽车的标志是椭圆内的斜字母 H（图 5-119），字母 H 是现代公司英文名 Hyundai 的首个字母。椭圆既代表汽车转向盘，也代表了地球，两者结合寓意了现代汽车遍布世界。

图 5-119　现代汽车商标

? 想一想

现代汽车通过与国际设计师合作，大幅提升车型外观竞争力。在专业学习中，我们应该怎样借助外界资源提升自己的技能短板？

笔记区

技能训练

"汽车品牌与商标"知识竞赛

（1）分小组收集世界著名汽车公司的资料，并进行整理；

（2）开展"汽车品牌与商标"知识竞赛，各小组进行抢答；

（3）师生共同讨论、点评，并总结知识点。

单元小结

车界百年，成就了众多的"百年老店"，为汽车工业的发展起着巨大的推动作用。汽车品牌的发展与演变，成为人类进入市场经济时代以来最具有商业研究价值和最生动的教科书。而车标的功能，也从最初的区别作用上升到品牌识别的高度。如今，更多的"后起之秀"，正在缔造一个又一个新的传奇。

笔记区

思考与练习

（一）填空题

1. 本田的创始人_____，于_____年成立本田技研工业株式会社。

2. 被誉为"现代之父"的是现代汽车公司创始人_____。

3. 2008年，比亚迪推出了全球首款量产的插电式混动车型——_____，开启了"王朝时代"。

（二）判断题（对的画"√"，错的画"×"）

1. 奔驰汽车公司的总部位于德国斯图加特市。　　　　（　　）

2. 2009年，中国长安汽车集团有限公司成为中国汽车四大集团之一。

（　　）

3. 戴姆勒—克莱斯勒是全世界最大的汽车集团。　　　（　　）

（三）简答题

美国通用集团旗下曾经有哪些汽车品牌？

单元六

汽车视听盛宴

单元六

学习目标

◎ **知识目标**

1. 了解汽车外形的演变过程；

2. 了解汽车色彩的意义；

3. 了解世界著名汽车赛事；

4. 了解世界著名汽车展览会。

◎ **技能目标**

1. 能根据汽车的使用要求，正确选择汽车的外形和色彩；

2. 能分析汽车赛事和著名汽车展览对汽车发展的作用。

◎ **素养目标**

1. 树立善于观察、发现和创新的意识，激发文化创新创造活力；

2. 具有挑战自我的精神。

建议课时

4 课时。

透过高层房屋的窗户玻璃俯瞰，眼前的这条道路车水马龙，不同颜色的汽车疾驰而过，而这些缤纷多彩的汽车，在灰白的历史照片上曾涂下自己浓墨重彩的一笔。行至今天，各种品牌的汽车披上各色的车衣在那一刻定格，依然有故事要对人们述说。

故事一
千锤百炼浴火生——汽车外形

1. 无马的马车

汽车，是从马车发展而来的，自然就具有传统马车的式样。当时被人们称为无马"马车"的汽车作为一种新兴事物，在外形上仅仅是马车的延续（图6-1），敞篷、大而窄的硬式车轮，只不过是用发动机换下了马匹，没有车身设计可言。

笔记区

a)

b)

图6-1　马车型汽车是马车的延续

20世纪初，仿照人力车的经验，人们在敞开式车身上加上帆布篷（图6-2），避免长期的日晒雨淋。当汽车车速上升时，迎面而来的风吹得人们很难受。于是，人们想，是不是可以在车前面装上一块玻璃，既可以看清路面又可以遮风。所以，后来车身就加装了风窗玻璃。1904年，英国塔尔伯特生产的汽车（图6-3），不仅有了风窗玻璃，连车轮上方也有了挡泥板，甚至车身侧面还有一个备用车轮。

图6-2　加帆布篷的汽车

图6-3　英国塔尔伯特生产的汽车

2. 移动的箱子

人们为了提高车速，发动机尺寸做得越来越大，座位下面已经无法容纳，只好布置在汽车的最前面。汽车的形状变成车头和客舱两个方正的形状，这就是方箱形的造型。这种新型的汽车是从 1915 年开始，由美国福特汽车公司生产的，其外形特点很像一只大箱子，并装有门和窗（图 6-4）。

图 6-4　福特箱形汽车

3. 流线型汽车

随着生活节奏的加快，人们对车速的要求也越来越高。作为高速车来讲，箱形汽车是不够理想的，因为它的阻力大，降低了前进的速度。所以，人们又开始研究一种新的流线型汽车：车身降低到 1.3 ~ 1.4 米，车宽逐渐增大，以适应高速转弯时的侧向稳定性，同时，车身横截面由原来的方箱形变成了椭圆形，以减少空气阻力。1934 年，美国克莱斯勒的气流牌小客车（图 6-5）首次采用流线车身。

知识链接：

流线型汽车的车身前部圆润、尾部尖锐，整体表面平滑，类似于水滴的形态。这种设计的主要目的是减少车辆行驶时所面临的阻力，从而提高车辆的行驶效率和性能。

在各个汽车生产厂家对流线型汽车不停地实验改进的同时，费迪南德·保时捷接到一项新的国家任务："生产一种车，最高时速 100 千米，油耗每加仑 42 英里，能够载两个成人和三个小孩，并且看起来像甲壳虫。"当时的德国政府希望大量制造这样的国民汽车。

在研发团队多少个日日夜夜的奋斗后，名为 Beetle 的汽车终于在 1939 年 2 月的柏林汽车博览会上展出，中文名为甲壳虫（图 6-6）。甲壳虫的外形受空气阻力的影响很小，结合到车身的设计上，最大限度地发挥了它外形的长处。

笔记区

图 6-5　气流牌小客车

图 6-6　甲壳虫

由保时捷设计制造的甲壳虫形大众汽车很快成为当时流线型汽车的代表作，并创造了迄今为止最畅销车型的纪录。它宣告了一个新的汽车时代的到来。

4. 船形汽车和鱼形汽车

1945 年，福特汽车公司鉴于其他汽车公司的竞争，开始着手进行新汽车的开发，经过几年的努力，终于在 1949 年推出了具有历史意义的新型 V8 型福特汽车（图 6-7）。

这种车型把前翼子板和发动机舱盖、后翼子板和行李舱融于一体，前照灯和散热器罩也形成一个平滑的面，乘员舱位于车的中部，整个造型很像一只小船，所以，人们把这类车称为"船形汽车"。船形汽车（图 6-8）不论从外形上还是从性能上来看都优于甲壳虫形汽车，并且还较好地解决了甲壳虫形汽车对横风不稳定的问题。

笔记区

图 6-7　福特公司 V8 船形汽车

图 6-8　1957 年款凯迪拉克 Series 船形汽车

? 想一想

甲壳虫汽车为什么对横风不稳定？

船形汽车尾部过分向后伸出形成阶梯状，在高速时会产生较强的空气涡流。为了克服这一缺陷，人们把船形车的后风窗玻璃逐渐倾斜，倾斜的极限就成为斜背式。由于斜背式汽车的背部像鱼的脊背，所以，这类车称为"鱼形汽车"（图 6-9）。

最初的鱼形汽车是美国 1952 年生产的别克牌小客车，以后世界各国逐渐主产鱼形汽车。由于鱼形汽车后风窗玻璃倾斜太甚，面积增加了两倍，强度下降，产生了结构上的缺陷。鱼形汽车的这一缺点，人们想了许多方法加以克服，例如，在鱼形汽车的尾部安上一只翘翘的"鸭尾"，以克服一部分升力，这便是"鱼形鸭尾"式车型（图 6-10）。

图 6-9　别克牌鱼形汽车

图 6-10　"鱼形鸭尾"式车型

5. 楔形汽车

为了从根本上解决鱼形汽车的升力问题，人们设想了种种方案，最后终于找到了楔形车。这种车型将车身整体向前下方倾斜，车身后部像刀切一样平直，这种造型能有效地克服升力。1963 年，司蒂倍克·阿本提第一次设计了楔形小客车。1968 年分别被"奥兹莫比尔"和"凯迪拉克"（图6-11）所采纳、继承和发展。对于目前所考虑的高速汽车，楔形已接近于理想的造型。现在世界各大汽车生产国都已生产出带有楔形效果的车，例如，人们熟识的兰博基尼就是楔形汽车的忠实拥护者（图6-12）。这些汽车外形清爽利落、简洁大方，具有现代气息，给人以美的享受。

图 6-11　凯迪拉克普利茅斯

图 6-12　兰博基尼楔形车

故事二
满园深浅色缤纷——汽车色彩

1. 汽车生产初期

亨利·福特先生说过：你可以订白色的、红色的、蓝色的、黄色的、黑色的，订什么颜色的汽车都可以，但是，我生产出来的汽车只有黑色的（图6-13）。早年，福特汽车的颜色只有黑色一种颜色，他自己认为生产黑颜色的车就够了。

1927 年夏天，阿尔弗雷德·斯隆聘请概念车设计之父哈利·厄尔为通用汽车公司全职工作，担任通用汽车新成立的艺术色彩部负责人，

图 6-13　黑色的福特汽车

成为汽车工业行业内第一位设计家，其目的在于打败竞争对手福特。当时，福特的 T 型车以其低价和标准化流水线的生产方式，几乎垄断了汽车市场。

然而，他们忽视了人们除了对汽车功能和价格的需求之外，还想要更多的东西——比如车的款式可以变吗？（图6-14）汽车的颜色难道一定是黑色吗？（图6-15）

图6-14　1927 年款 LaSalle

图6-15　1931 年款 V16 Sport Phaeton

这个时候，亨利·福特最终还是做了让步，并在风靡一时的 T 型车生产至第 1 500 万辆时宣布停产该车型，转而生产全新的车型 A 型车（图6-16）。在 1927 年年末到 1931 年间，共计 450 多万辆不同车身造型和不同颜色的 A 型车（图6-17）行驶在美国的大街小巷。

图6-16　1928 年款福特 A 型车

图6-17　1931 年款福特 A 型车

2. 国际赛车初期

人们习惯性地认为红色只适合出现在法拉利身上是有历史渊源的，而这要追溯到1903 年开始的国际汽车比赛上的分组规定。

当时，每个国家被分配了一种颜色，以区分不同的参赛车队。多年之后，各自品牌车队的代表色逐渐成为一种传统，同时也融入了品牌的血液中，影响了日后的一些量产车。代表色在多年的比赛中有一些改动，不过总体变化不大：法国为蓝色（图6-18）、德国为白色、英国为绿色（图6-19）、意大利为红色（图6-20）、美国为蓝白相间（图6-21）。

1934 年，当德国车手 Manfred Von Brauchitisch 准备驾驶奔驰 GP 赛车参加比赛时，发现车身质量比可允许比赛的最大质量超出了一点点。在紧急关头，他与工程师们想出了一个"绝招"，把车身的白漆全部刮掉，仅露出车身原有的铝质银色，以达到参赛的要求。从此，奔驰赛车就多了一个称呼——银箭（图6-22）。

图 6-18　法国队

图 6-19　英国队

图 6-20　意大利队

图 6-21　美国队

不过车身颜色的规定也仅限于当时的 F1 以及一些跑车赛事上，对于汽车制造商来说并没有直接联系，尽管看上去有一些影响，而且后来赛车的车身涂装也完全被赞助商们掌控，无须再拘泥于颜色，只有法拉利还继续使用着自己钟情的红色。

图 6-22　德国"银箭"

? 想一想

你了解 F1 赛车颜色的知识吗？

3. 20 世纪 30—40 年代

由于 20 世纪 30 年代的世界经济大萧条，车身颜色开始不再是人们的关注点，这一萎靡的时代一直持续至第二次世界大战后。随着汽车工业的整合，一些单体的定制款车身设计逐渐消逝，挡泥板部分开始独立存在，而它与车身采用两种颜色混搭，在那个时期成为风潮，深蓝（图6-23）、红褐（图6-24）、灰绿（图6-25）、棕色（图6-26）都盛极一时。

4. 20 世纪 50—60 年代

世界各国战后重建的热情空前高涨，热情的红色在这一时期最为流行。而汽车厂商也把红色视为一种主流色彩，就像丰田生产的第一批皇冠（图6-27）

那样，以红色为主。这时期由于新中国汽车工业刚刚起步，所以以军绿色为主的汽车就成为流行颜色（图6-28）。

图6-23　1931年款福特 Model A Phaeton Deluxe

图6-24　1937年款三菱 PX33

图6-25　1935年款 MG pa

图6-26　1936年款奥斯丁 T10

图6-27　1955年款丰田皇冠

图6-28　1959年款凤凰轿车

5. 20世纪70—80年代

1973年石油危机以后，全球经济低迷。当时"消费是美德"的理念荡然无存，消费者对企业举行的促销活动也没有什么兴趣。黑色（图6-29）就是最常见的颜色了，给人的感觉是神秘、低调、稳重、有力量，它在20世纪70年代最为流行（图6-30）。

图6-29　1975年款福特野马

图6-30　红旗 CA770

到了 20 世纪 70 年代后期，随着石油经济危机的恢复以及女性步入社会，出现了追求华丽的时代，清爽明快的颜色受到各个国家的欢迎。当时汽车多为象牙色（图 6-31）和金色（图 6-32）。

图 6-31　伏尔加嘎斯

图 6-32　1975 年款 BMW 3.0 CS

6. 20 世纪 90 年代

20 世纪 90 年代，粉色可以说是一种比较时尚前卫的颜色，很受女性喜欢。此时期，环境问题开始凸显，保护环境成了当时的热题，那么具有软性、温暖特点的粉色成为当时流行色自然也就不稀奇了，粉色车（图 6-33）由此而盛行开来。

图 6-33　丰田的粉色汽车

7. 新世纪

图 6-34　长安 SENSE

新世纪，世界范围内最火的汽车颜色是白色（图 6-34）。白色具有理性、理想的特征，能使人平衡心态。放眼望去，行驶在路上的车中，白色的车最多。直到 2004 年，银色（图 6-35）成为亚洲消费者最喜欢的汽车颜色，并且逐步波及西方时尚设计界。

未来，银色仍然是用户的首选色调，但人们尤其是年轻人不再需要传统的单色或纯色，而是能够充分体现自己个性的色彩（图 6-36）。

笔记区

图 6-35　北京 BJ80

图 6-36　奔驰 G 级 AMG 推出的"疯狂颜色"选装包

故事三
中外品牌竞潮流——汽车展览

笔记区

现在，很多车展都推出智能手机应用程序"车展通行证"，智能手机或 iPad 用户只需要下载该免费应用软件，足不出户就可参观世界各地的顶级车展。让我们马上进行这场虚拟旅行吧！

1. 第一站：北美国际汽车展览会

1907 年，底特律汽车经销商协会主办了首届车展，当时有 17 家厂商和 33 辆汽车参展。车展原则上每年举办一次，但受第二次世界大战影响曾在 1943—1952 年期间停办。

1957 年，底特律车展才正式成为顶级车展。欧洲汽车厂商终于远渡重洋而来，首次出现了沃尔沃、奔驰、保时捷的身影；1989 年，正式更名为"北美国际汽车展览会"；2009 年，在底特律三大汽车厂中，两家破产，福特也行走在破产的边沿，三大汽车厂商巨额亏损，可是北美国际汽车展并没有消失殆尽。

2019 年 1 月 14 日，作为开年第一个大型国际汽车展，北美国际汽车展览会在底特律科博中心如期而来。在此届参展阵容中，奔驰、宝马、奥迪缺席，但前来参展的车企也带给观众一些惊喜。通过众多新款车也足以看出电动化正在成为车市主流，美国市场对大块头、高功率的车型依旧十分热衷。

英菲尼迪 QX Inspiration（图 6-37）定位纯电动 SUV 概念车，预示了品牌未来的电气化、高性能走向。概念车采用了全新的设计语言，外观设计前卫，具有未来科幻感。

图 6-37　英菲尼迪 QX Inspiration

保时捷 718T（图 6-38）系列提高了车身轻量化和动力方面的性能。在外观设计上，新车在进气格栅和前后包围上有所变化。同时，新车还加入了保时捷主动悬架管理系统（PASM），底盘降低了近 20 毫米。在轻量化设计上，新车移除了音响，换装了织带门把手，座椅也变成织物包裹，换装 20 英寸①轻量化轮毂。经过减重以及赛车式简约设计，其空载质量已经控制在 1350 千克。

广汽传祺以"探知无界"为主题，携全新概念车 ENTRANZE（图 6-39）、传祺轿车、SUV 及 MPV 车型亮相本届北美车展。值得一提的是，这已是传祺第五次参加北美车展。其中，概念车 ENTRANZE 是一款全新的 7 座纯电动车型，外观设计上，新车车头极具科技感和层次感。同时，车门采用的半透明材料、滑动开启方式设计也是一大亮点；内饰设计上，新车转向盘的八边形造型很有个性；车内布局上，新车采用 2＋2＋3 的七座布局方式。

图 6-38　保时捷 718T

图 6-39　广汽传祺 ENTRANZE

2. 第二站：法兰克福车展

1897 年，在德国柏林的布里斯托旅馆举办了第一届车展，当时的参展车辆仅有 8 辆。直到 1911 年，几乎每年举行一次，后来因第一次世界大战被迫停办，直到 1921 年才恢复举行。1951 年 4 月，法兰克福车展吸引了约 57 万人，主办单位便决定转移阵地至法兰克福，双数年举办商用车展，单数年举办轿车展。

最近一次法兰克福国际车展于 2019 年 9 月在法兰克福会展中心举行。展出新车达 85 款，新车型、换代车型、概念车型居多。其中，新能源车型有 42 款。本届车展 SUV 与轿车数量相差不大，分别为 32 款和 30 款。而此次车展除了东道主德系品牌带来多款首发新车外，中国自主品牌也上演了精彩的"中国秀"，

①　1 英寸≈2.54 厘米。

红旗、WEY、拜腾均亮相了新品，再一次展现了中国制造的力量。在能源与环境的巨大压力下，新能源汽车的发展已成为不可逆的大趋势。经过长时间的实践，车企已经不再单纯聚焦于纯电动产品，而是尝试采用多种技术共同发展，以实现节能减排。

奥迪发布的概念车 Aicon（图6-40），代表未来奥迪纯电动越野车的设计走向。此车采用全轮驱动的动力传动系统，每个车轮都布置一个驱动电机，可以单独控制每个车轮的扭矩，从而提升其越野性能。

BMW i Hydrogen NEXT（图6-41）是宝马为了补充氢能路线而推出的氢燃料车，燃料添加时间不超过4分钟，可长距离使用，气候条件对车辆性能无影响，宝马称最早将于2025年开始为客户提供燃料电池电动汽车。

图 6-40　奥迪概念车 Aicon

图 6-41　BMW i Hydrogen NEXT

中国汽车品牌和零部件企业冲锋陷阵，在国际舞台上崭露头角。

WEY 与奔驰御用改装品牌巴博斯联合打造的定制版 WEY GT PRO PHEV（图6-42）正式首发，该车延续 2.0T 发动机加电机的混动系统。

红旗全新纯电动大型 SUV E115（图6-43）亮相法兰克福，采用四轮驱动形式，具备七种驾驶模式，0～100 千米/小时加速时间小于 4 秒，车辆最大续驶里程或超过 600 千米。此外，这款概念车采用空气悬架结构，同时还具备 L4 级别的自动驾驶功能。

图 6-42　WEY GT PRO PHEV

图 6-43　红旗 E115

3. 第三站：东京车展

东京车展自1966年逢单数年的10月底举行。2019年10月24日，第46届东京车展正式开幕。车展主题为"Open Future",即"开放的未来"。车展中,大部分企业还是一如既往地展出各类小型车或者各种脑洞大开的概念车。值得关注的是,2019年的东京车展的主题从注重"休闲娱乐"、关注本土市场为主,转到更加注重"环保节能"和"安全科技"等关乎汽车未来发展的主题。

坚持燃油动力的马自达,也推出首款MX-30(图6-44)纯电动车型。还有丰田、日产、三菱、雷克萨斯这些品牌,电动化的路径也是越走越清晰。

另外,在智能化方面,东京车展更是当仁不让。在丰田的"未来广场"交通主题公园(图6-45)中,集中展示了最新的概念车和前沿产品。

图6-44 马自达MX-30

图6-45 丰田的"未来广场"

4. 第四站:日内瓦车展

1905年,瑞士汽车俱乐部决定于1905年4月29日举行一个大型的汽车展会。经历了几番周折后,虽然场地仅有1200平方米,也只设了37个展位,但出人意料的是,在7天的展期里前来参观的市民竟然超过了17500人。第一次的成功让车展组委会看到了瑞士人民对汽车的好奇与热情。因此,在1906年,瑞士的第二届汽车展在日内瓦如约召开。

1924年,瑞士汽车协会重新组建的车展组委会决定,以后每年在日内瓦举办一次车展。由此,日内瓦车展确立了正式的名分,1925年车展参观者超过10万人次。而由于展会规模的不断扩大,从1929年起日内瓦车展组委无奈地将车展分成两次举行,每年3月进行汽车展,随后4月末到5月初进行摩托车及飞机展。

2019年3月5日,日内瓦车展上各大厂商都纷纷亮出了自己的压箱宝贝,尤其在关注度极高的超级跑车领域,更是让大家看得眼花缭乱,大呼过瘾。

法拉利的全新车型F8 Tributo(图6-46)强势亮相,其采用的中后置发动机布局可谓是别具一格。

笔记区

兰博基尼 Aventador SVJ Roadster（图6-47）正式发布，新车搭载的6.5升自然吸气 V12 发动机拥有770马力的最大功率和720牛·米的峰值力矩，而0～100千米/小时加速时间仅为2.8秒，极速均超过350千米/小时，底盘搭载四驱系统、四轮转向系统。

图 6-46　法拉利 F8 Tributo

图 6-47　兰博基尼 Aventador SVJ Roadster

笔记区

北汽新能源旗下的高端智能新能源汽车品牌 ARCFOX（极狐）在日内瓦车展进行全球首次品牌发布，并推出旗下三款全新车型：ARCFOX-GT 赛道版（图6-48）、ARCFOX-GT 街道版、首款概念车 ARCFOX ECF Concept，引起业内关注。ARCFOX-GT 由北汽集团位于西班牙的高性能车研发中心开发，通过了欧盟专业机构认证，其搭载了6台驱动电机，通过高性能液冷电池、一体化碳纤维车身、赛车级底盘调校等技术，新车的100千米加速时间为2.59秒。

图 6-48　ARCFOX-GT 赛道版

5. 第五站：巴黎车展

1898年，在法国汽车俱乐部的倡议下，第一次车展在巴黎杜乐丽花园举行。这次展览会有一项非常有意思的规定，那就是凡是想要参展的车辆，必须首先能够仅依靠自身的动力完成从巴黎到凡尔赛的往返，以证明这些车辆是真正可以行驶的汽车，并非摆在那里供人观赏的空壳。

进入1930年后，世界经济陷入大萧条时期，巴黎车展的规模也开始锐减，而第二次世界大战的到来则直接导致了展会的停办。1946年，巴黎车展正式回归。1950年，巴黎车展规模迅速扩大，主办方首次尝试使用双会场的模式，同时在巴黎大宫和凡尔赛门展览中心（摩托车和多功能车）举办展览。1976年起，巴黎车展的周期延长为每两年一届，与德国的法兰克福车展交替举办，以适应大部分汽车制造厂商的要求。

2018巴黎车展于10月4日在巴黎凡尔赛门展览中心举行，虽然此次展会有部分厂商未能出席，但仍有不少车企选择在此届巴黎车展上展出旗下新车。其中，奔驰、宝马、奥迪、雪铁龙、雷克萨斯、丰田、现代等均在此次车展推出重磅新款车型。

雷诺 EZ-Pro 电动概念车（图 6-49）是一款商用概念车，是作为物流最后一英里交付解决方案的车型。EZ-Pro 车型也是自动化的电动车型，同时也具备互联和共享属性，不过，它也并不会完全放弃人工操控。每台 EZ-Pro 既可以独立完成工作，也可以呈队列形式行进。

2018 年是广汽传祺创立十周年，十岁的中国年轻车企首次登陆巴黎国际车展。本届巴黎车展中，广汽传祺的展台面积达 1000 平方米，参展的产品涵盖 SUV、轿车、MPV 三大领域，既有传统燃油车以及新能源车，也有新产品以及概念车。其中，本次亮相车型包括传祺全新 GS5（图 6-50）、GS8、GM8、GS4、GS3、GA4、GE3 以及电动概念车。

图 6-49　雷诺 EZ-Pro 电动概念车

图 6-50　传祺 GS5

笔记区

6. 第六站：北京车展

北京国际汽车展览会自 1990 年创办，每两年定期在北京举办，随着近些年展会品质逐届提高，影响也日趋广泛。

2018 北京车展的主题是"定义汽车新生活"。大众集团、奔驰、宝马、讴歌、福特等欧美、日系品牌，也不再以帅气逼人的性能车为主，而是在车展的显眼位置摆出了自家的新能源汽车、概念车。除了概念车之外，像红旗、纳智捷、起亚等展台还出现了多个虚拟驾驶舱（图 6-51）提供给观众进行体验，展示了对于未来汽车驾驶场景的畅想和思考，引领观众走向进阶的汽车时代。

除了传统车企，这次车展上的造车新势力也备受瞩目。拜腾汽车

图 6-51　虚拟驾驶舱

在车展上带来了十分接近量产车的 BYTON Concept（图 6-52），除了极具未来感的帅气外观外，新车惊人的 49 英寸智能互联中控台更是引起了围观，该屏幕支持五种维度的人车交互方式，可以通过手势对大屏进行控制。小鹏汽车的首款量产车型 G3 在车展前公布了售价，这也是继蔚来之后第二个推出量产车的

新势力造车品牌，G3车型将被打造人工和互联网智能终端（图6-53），可实现L2.5级自动驾驶，续驶里程达300千米。

图6-52　拜腾 BYTON Concept

图6-53　小鹏人工和互联网智能驾驶

故事四
风驰电掣赛激情——汽车赛事

笔记区

多姿多彩的汽车运动使这一冷冰冰的钢铁机器充满了柔情蜜意，同时，汽车运动的激烈、惊险、浪漫、刺激，不仅仅使成千上万的观众为之痴迷，而且还使世界汽车技术的发展日新月异。

1. 第一次汽车比赛

从第一辆汽车被生产出来到第一次汽车比赛的举行只不过十年的时间。起初，汽车比赛的目的只是汽车生产厂商为了检查车辆的性能，宣传使用汽车的安全性和可靠性。

1894年，法国组织了第一场汽车比赛（图6-54），比赛路线从巴黎到里昂往返，共有102位车手申请参赛，但只有21位获准参赛，比赛中一些车辆事故频发、随处抛锚，最终只有15位车手完成比赛。赛后，产生了大批汽车技术爱好者，他们在积极参与汽车运动的同时，又和越来越多的厂商一起研究汽车技术，改进汽车性能，提高汽车比赛的影响力。

2. 最早的长距离汽油车公路赛

1895年，依旧是在法国，举办了世界上最早的长距离汽油车公路赛（图6-55），线路由巴黎到波尔多往返，全程1178千米。获得比赛第一名的埃为尔·鲁瓦索尔共用48小时45分钟，平均时速为24.55千米，这是当时让人惊叹的神速。但是，由于比赛规定车上只允许乘坐 1 人，而他的车上却乘坐了两人而被取消了冠军的头衔。此次比赛共有 23 辆车参赛，跑完全程的只有 8 辆汽油车。

图 6-54　第一场汽车比赛

图 6-55　早期的汽车公路赛

3. 场地汽车大奖赛

1901 年的巴黎—柏林公路赛，比赛期间一名男孩跨入赛道去看一辆开过去的车，而被后面过来的一辆车撞死。因此，法国政府禁止了这场比赛。1903 年，在法国举办的巴黎—波尔多—马德里的比赛中，有近 300 万观众在赛道两旁观看比赛。赛车在丛林行驶中，扬起的尘土阻挡了车手的视线，赛车撞向观众，很多人被撞，造成伤亡事故。所以，后来人们为赛车运动制订了一些规则：为了避免汽车在野外比赛扬起漫天的尘土影响后面车手的视线，造成伤亡事故，车赛逐渐改在封闭的赛场和跑道上进行，赛道两旁围上护栏，比赛选在人口稀少的地方举行。这就是汽车场地赛的雏形，它被认为是封闭赛道开始的标志。

为了吸引更多的人参加汽车比赛，使比赛更富刺激和挑战性，法国的勒芒市在 1906 年举行了第一次真正意义上的场地汽车大奖赛（图 6-56）。从此，场地汽车大奖赛成为世界体育舞台上一项非常重要的赛事，小城市勒芒也因此闻名于世。

图 6-56　勒芒汽车大奖赛

4. 方程式赛车

1904 年，在赛车运动兴盛的法国成立了国际汽车联合会（图 6-57），缩写为 FiA，简称国际汽联，由它负责管理全世界汽车俱乐部和各种汽车协会的活动。出于公平与安全的考虑，FiA 开始对参赛汽车有了关于排量、车质量等项规定，实际是逐渐给赛车定了一个方程式。第一个被清楚地制定的"方程式"是国际汽联在 1904 年所做的——限定赛车的最低质量。

图 6-57　国际汽车联合会会标

笔记区

1907—1039 年间，FiA 进行过各式各样的尝试，包括限制最小及最大车质量、耗油率、汽缸半径，但效果都不好，直到 1939 年引进了限制汽缸容量。可惜紧接而来的第二次世界大战使一切活动都暂停了。

第二次世界大战后，为了尽速恢复战前欧洲的赛车盛况，FiA 通过三年的讨论，终于在 1950 年，第一次举办了世界锦标赛，地点选在英国的银石赛车场（图 6-58）。此后每年只有 7 场比赛，后来场次逐渐增加，被限制为 16 场。1996 年重新规定最多为 17 场，现在一般为 16 场，所有比赛均由 FiA 安排，赛场遍布全球。2004 年，中国上海首次成为 F1 中的一站（图 6-59）。

图 6-58　英国银石赛场

图 6-59　F1 上海站赛况

F1 赛车运动的核心是车手的勇气和智慧。其中最传奇的就是"车王"舒马赫，他获得过 7 次 F1 车手总冠军头衔、最多 91 个 F1 分站赛冠军、创纪录的 68 次杆位，还有那超过第二位普罗斯特 571 分的 1369 个世界冠军的总积分，等等。

5. 世界汽车拉力锦标赛

世界汽车拉力锦标赛 WRC（World Rally Championship）始于 1973 年，是 FiA 国际汽联四大赛事之一，与 F1 齐名的国际赛事。但是与 F1 不同的是，所有参赛车辆必须以量产车研发制造而成，并在世界各地的雨林、泥泞（图 6-60）、雪地（图 6-61）、沙漠及蜿蜒山路等不同的路况进行比赛，是最严酷的赛事之一，但也是最有魅力的比赛之一。每年全球有近 10 亿人次通过各种方式观看 WRC 比赛。

知识链接：

拉力竞锦标赛中的"拉力"是英文 Rally 的中文译音，此赛事又称"多日赛"，是汽车道路比赛项目之一，是参赛车辆按规定的平均速度、行驶路线，在规定的时间内到达分站点目标并完成车辆的检验维修的一项汽车道路比赛项目。锦标赛指不同地区或竞赛大组的优胜者之间的一系列决赛。

6. 家门口的汽车赛——北京—巴黎汽车拉力赛

2007 年 5 月底，140 多辆老爷车从全球各地汇聚北京长城脚下。这场比赛的终点是万里之外的法国首都巴黎。这次活动的唯一目的就是纪念 100 年前人类历史上第一次汽车远征活动：北京—巴黎拉力赛。

图 6-60　泥泞

图 6-61　雪地

1907 年 3 月，法国《晨报》发出了一个挑战：谁能从北京驾驶汽车回到巴黎？汽车运动在欧洲和美洲已经非常活跃，但这个大胆的创意相当诱人，短短几天，就有 25 辆赛车报名参赛。

1907 年 6 月，5 辆汽车及 11 名车手从欧洲抵达北京，从北京（图 6-62）开车穿越当时的中国和俄国，终点是法国的巴黎，行程将近两万千米。这是人类历史上第一次跨洲的汽车拉力赛，此时距离汽车的诞生仅仅 21 年。

由于沿途基本都是土路，赛车无法开得很快，发动机也总是过热，车手们不得不经常停下来到附近的村庄里去找水。在路上，马掌上掉下的铁钉还经常扎破汽车的轮胎，为了正常比赛，车手使用了一个中国工匠制作的木制车轮参赛。出了张家口再往北，车

图 6-62　从北京出发

手们进入了天苍苍、野茫茫的大草原。草原地势平坦，可以让汽车最大限度地发挥速度优势，但如果不熟悉当地情况，也很容易迷失方向。

车队一路风餐露宿，险象环生。经由两个多月的冒险旅程，这项在当时被认为不可能完成的比赛最终圆满结束，有 4 辆车跑完了全程。

7. 房车世界杯

WTCR（房车世界杯）是获得国际汽车联合会认可的一项与 F1 和 WRC（世界拉力锦标赛）齐名的顶级房车赛事。2019 年，领克车队（图 6-63）以 624 分的总成绩夺得当年 WTCR 房车世界杯年度总冠军，成为在国际汽车联合会认证的世界级赛事中首个获得总冠军的中国汽车品牌。2020—2021 年，领克车队再次夺得总冠军。其三连冠的成绩创造了中国汽车品牌在世界赛场上的全新历史。

8. 中国汽车工程学会巴哈大赛

中国汽车工程学会巴哈大赛 BSC（Baja

图 6-63　领克车队

SAE China）是一项由高等院校、职业院校汽车及相关专业在校生组队参加的越野汽车设计、制造和检测的比赛，被誉为"汽车梦想的起点"。

巴哈大赛于1976年起源于美国，集实用、教学、娱乐、竞技体育于一身，开创场地赛、山地赛、河流赛、林地赛、沙漠赛、雪地赛、高原赛等多种比赛环境。该赛项一方面让学生对在复杂道路上行驶的汽车有基本认识，另一方面可以实现全民性、普及性的推广和传播。

图6-64　巴哈赛车设计图

中国汽车工程学会巴哈大赛由中国汽车工程学会于2015年开始主办。参赛车队按照赛事规则和赛车制造标准，在规定时间，使用同一型号发动机，设计制造一辆单座、发动机中置、后驱的小型越野车，或者一辆四驱的小型越野车（图6-64）。

2024年5月8日，2024赛季中国汽车工程学会巴哈大赛开幕式在襄阳梦想汽车小镇举行，共有58支车队参赛。比赛分为静态项目和动态项目。其中，静态项目包含安全及合规性检查、赛车设计项目、成本与制造分析、商业营销；动态项目包含单圈计时、爬坡或牵引、操控性赛事、专项赛事、4小时耐力赛事。在比赛中，获得年度冠军、亚军的车队，会由中国汽车工程学会推荐参赛美国巴哈大赛。

技能训练

国际车展——我来解说

（1）观看2020（第十六届）北京国际汽车展览会视频，分组收集车展相关资料；

（2）各组对2020（第十六届）北京国际汽车展览会进行解说展示；

（3）师生共同讨论、点评，并总结知识点。

单元小结

汽车不是机器，是"生物"。对很多人来说，汽车不仅是一件色彩斑斓的流动艺术品，汽车比赛也不仅仅是一项运动，还是很多人的梦想，也是与内心真实冲动的相互交融。正因为这种交融，为我们创造了崭新的价值观念和生活内容，并逐步改变着我们对这个世界的看法。随着交融的不断深入，汽车给人们带来全新的视听盛宴。

思考与练习

（一）填空题

1. 确定汽车外形有三个因素，包括机械工程学、_____、_____。

2. 国际上著名的五大车展是_____、_____、_____、_____、_____。

3. 高速汽车最理想的车身造型是_____型。

（二）判断题（对的画"√"，错的画"×"）

1. 北美车展是世界最大车展，有世界汽车工业"奥运会"之称。（　　）

2. 中国邮政车的外表颜色为绿色。（　　）

（三）简答题

汽车外形的演变过程是怎样的？

笔记区

突破科技　开创未来

学习目标

◎ 知识目标

1. 了解汽车给人类社会带来的益处；
2. 了解汽车对道路交通带来的不利影响；
3. 了解缓解和消除能源危机、交通拥堵的举措；
4. 了解汽车新技术和汽车未来发展趋势。

◎ 技能目标

能正确分析汽车对人类社会的影响。

◎ 素养目标

1. 树立节约、环保、安全意识；
2. 培养守正创新精神、竞争意识；
3. 树立集体荣誉感和团队合作意识。

建议课时

4 课时。

汽车作为现代文明的重要标志，重塑社会生活格局的同时，也衍生出环境污染、能源消耗、交通拥堵等问题。面对这些问题，全球积极行动，多维度探索破局之道：从技术研发到政策引导从能源变革到交通管理创新，为汽车产业寻找更健康、更可持续的发展路径。

故事一
世界前行推进器

1. 自由的通行证

19 世纪的人们，生活半径还只是马车能力所及的范围——方圆 50 千米左右。汽车诞生后，为人类服役了几千年的马，卸下了沉重的马鞍。人们的出行半径随之增大，享受不受时间、地域限制的说走就走的旅行，已经不是遥不可及的梦想。

（1）贝瑞塔·格林的"一小步"。

19 世纪 80 年代末的人们仍然生活在马车当道的世界，作为新兴事物的汽车，人们完全不能接受。汽车受到了怀疑和嘲笑，就连当时的德国皇帝威廉二世也说："我信任马车，汽车不过是一个暂时的现象而已。"

1888 年的一天清晨，卡尔·弗里特立奇·本茨的太太贝瑞塔·格林驾驶着卡尔·弗里特立奇·本茨潜心研究的成果走了 100 千米的路程，到达了目的地（图 7-1）。在当时社会看似疯狂的贝瑞塔·格林驾车之旅，是世界上第一次汽车长途旅行，它推动了汽车时代的到来。

（2）驾驶汽车走天涯。

①从贝鲁特到北京。1931 年，一群法国人，为了走更远的路，看更多的风景，驾着汽车走上了从贝鲁特到北京的征程。该行程共计 12115 千米，翻越的海拔最高点达 5200 米。这个被称为"东方之旅"历险活动当时震惊了全世界，它也是人类首次借助汽车，经过喜马拉雅山脉，跨越欧亚大陆。

②驾车"环游"不是梦。1936 年，捷克两名汽车爱好者 Prochazka 和 Kubias 向世界发起了挑战，他们要创造一项全新的世界纪录——驾驶汽车环游世界！1936 年 4 月 25 日，他们驾驶着斯柯达 Rapid 汽车从捷克首都布拉格出发了。穿越莫斯科、德黑兰、孟买、新加坡、上海、横滨、檀香山、旧金山、纽约、巴黎、柏林等世界知名城市，于 1936 年 7 月 31 日，他们走完了 27000 千米的环球行程，返回了出发地布拉格。

图 7-1　贝瑞塔·格林驾驶汽车远行途中

笔记区

Prochazka 和 Kubias 历时 97 天的环球旅行让"斯柯达"成为全球瞩目的汽车品牌的同时，捷克这个中欧国家也逐渐为世界所熟知了起来。

③女性驾车游世界。起初，男性是汽车的主要驾驶人，女性开车虽有先驱，但尚未普及。更多的时候，她们都是坐在副驾驶的位置上。但是，当越来越多女性学会汽车驾驶后，一切似乎又有了新的可能性。

廖佳是一位普通的中国女性，1996 年 8 月第一次开始驾车游。四年时间，她游遍了中国的大好河山。一次北京到巴黎的老爷车拉力赛让廖佳认识到，原来到国外也可以开车去。于是，又一次说走就走的旅行开始了。

2001 年 7—12 月，廖佳在没有后援、没有同伴的情况下，用 142 天时间，驾驶汽车游历了欧亚大陆。她途经了 32 个国家，行驶了 6 万千米的路程。从此，廖佳成为"中国女性驾车穿越欧亚大陆的第一人"。

"欧亚游"后的廖佳，并没有结束她的游历历程。至今，她仍在旅途中……

2. 巨大产值的助推手

汽车产业具有强大的联动性及高技术性，它一直被许多国家看作发展国民经济的支柱产业。

（1）巨大的产销量创造高收益。

吃、住、行是人类目前的主导消费热点。汽车作为出行的工具之一，它本身就是一个结构非常繁杂并且耐用的大型消费品。它的销售，每年为社会创造了巨大的经济收益。

近年来，我国汽车产业税收占全国总税收比例、就业占全国城镇就业比例均超过 10%；2020 年全国汽车制造业营业收入 81557.7 亿元（图7-2），为社会创造了巨大的经济收益。

笔记区

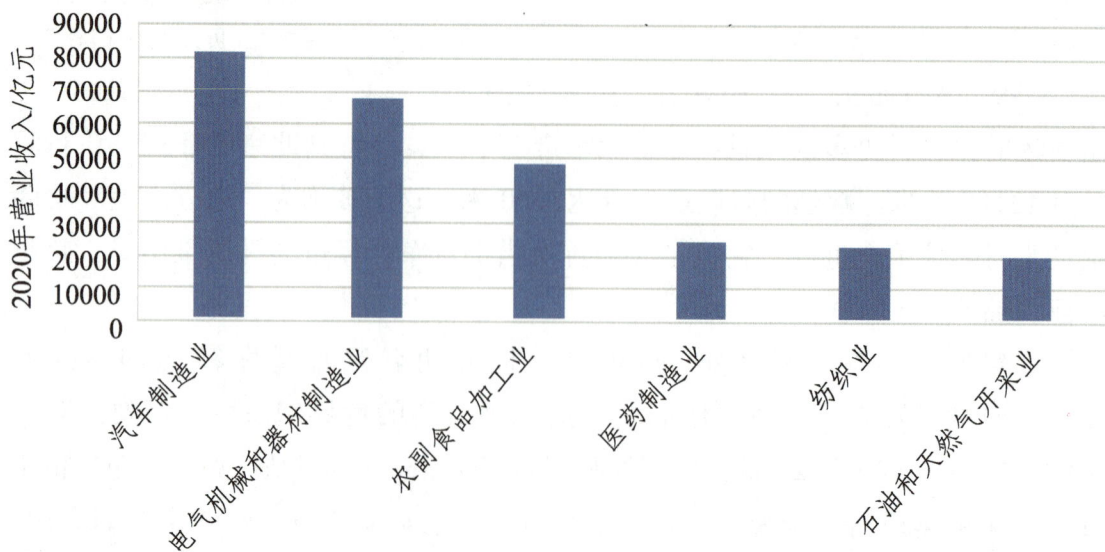

图 7-2　2020 年汽车制造业与部分典型行业营业收入情况

（2）零部件需求带动工业发展。

汽车是由数以万计的零部件组装而成。零部件的需求拉动了诸多工业部门的发展，如钢铁、非电子机械、电子机械、金属制品、塑料制品、橡胶制品、有色金属、纺织、服装、制革、玻璃制品、化学工业、电力工业等。

3. 技术进步的催化剂

汽车是站在巨人肩膀上的发明。没有轮子的运用、没有马车的发展、没有内燃机的发明，就没有汽车诞生的可能。因而，我们说汽车的发明和发展是随着科技的进步而实现的。同时，汽车工业的发展也刺激和促进了科技的进步。

汽车智能化，使得电子技术和信息技术必须不断地更新；汽车的普及带来的汽车与环境、道路交通问题，也推动了交通科学和环境科学的发展；各种专用汽车的发展，促进了相关部门，如石油、煤炭、矿山、电力、地质和建筑等的现代化。

4. 就业难题的好帮手

汽车的生产规模大、涉及范围广，所以，汽车产业为社会既提供了很多直接的就业机会，又带动了很大比例的间接就业。

汽车及其相关产业的各个生产、管理环节所要求的工作技能不尽相同，因此，可以容纳不同层次的劳动者（图7-3）。而且，随着汽车产量的增加、使用的普及化和汽车产品的高科技化，汽车及相关产业所能够提供的就业机会的数量将越来越多，范围将越来越广。

a)   b)

图 7-3　汽车生产车间为劳动者提供了诸多就业机会

5. 文化生活的传播者

随着汽车的普及，与汽车相关的汽车文化如雨后春笋般涌现在人们的面前，丰富了人们的文化生活，进而改变了人们的生活方式和休闲方式。

1936 年 6 月 6 日，美国新泽西州的 Richard M. Hollingshead 在自己家后院创办了世界上第一家汽车电影院。之后，这种娱乐休闲方式很快风靡了整个北美地区。现在，作为汽车文化的重要标志，汽车影院（图7-4）已经出现在了世

笔记区

界各地。

汽车车体艺术（图7-5）又叫汽车彩绘，它是现代美学艺术与汽车工业艺术的完美结合。汽车车体艺术并不是传统的车身贴纸，它是由专业的美术师参考车主的意见及要求，再创造出适合车主个性的一种艺术表现。它是通过专业的汽车烤漆工艺后诞生的一种视觉艺术。

图7-4　汽车影院

图7-5　汽车车体艺术

车身广告又称车体广告（图7-6）。它具有广告画面冲击力强，广告影响持续不断，能有效地向特定地区、特定阶层进行广告诉求的特点。

汽车模特（图7-7）是一种配合汽车展示的职业模特，是商用模特的一种。从要求上讲，汽车模特又不仅仅是模特儿，还应该是很好的推销员。

图7-6　车身广告

图7-7　汽车模特

6. 城市发展的助跑器

汽车的出现，让城市的类型由"步行城市"转变成"汽车城市"，让人类社会进入了"汽车社会"。

汽车的出现使交通运输方式发生了巨大的变化，高速公路的作用日益明显，特别是在中短途运输方面，公路运输比铁路运输更方便、更快捷，这就让城市之间的距离变得更短。于是，"卫星城"的概念应运而生。

汽车的出现使城市的规模扩大。拥有3000余年历史的古都北京，汽车普及速度在进入21世纪之后有了飞速提升。北京的四环路从1990年第十一届亚运会开始建设，由于当时机动车增速并不高，北京市扩张建设的速度并不快，所以，直到 2001 年才全线贯通。其后，五环路在 2000 年 1 月开工，到 2003 年 10 月，仅用三年时间便全线贯通。

汽车的出现，改变了人们的区域观念、驻地选择、消费结构、生活和休闲方式。正是由于汽车进入了千家万户，我们可以选择在城里上班，在郊区置业。也正是因为有了汽车的帮助，城市才变得更加繁荣和美丽。

故事二
石油终结者

1. 汽车也有羞人颜

（1）人类环境受破坏。

①光化学烟雾危害环境。洛杉矶是美国西部太平洋沿岸的一个滨海城市，它阳光明媚、气候温暖、风景怡人。从 20 世纪 40 年代初开始，人们发现这座城市一改以往的"温柔"，变得"疯狂"起来。每年夏季至早秋，只要是晴朗的日子，城市上空就会出现一种弥漫天空的浅蓝色烟雾，使城市上空变得混浊不清。同时，这种烟雾会让人的眼睛发红、咽喉疼痛、呼吸憋闷、头晕、头痛。

1943 年以后，洛杉矶市的烟雾更加肆虐。市民们的眼、喉、鼻等不适程度越来越严重；家畜生病、死亡的数量越来越多；远离洛杉矶市的高山上的松林等林木枯死；郊区的柑橘、玉米、烟草、葡萄等农作物减产；汽车和飞机的正常运行严重受阻。1955 年 9 月，在烟雾来袭的两天时间里，洛杉矶大多数人出现了眼睛红肿、流泪、喉痛、胸痛和呼吸衰竭乃至思维紊乱、肺水肿等现象；而 65 岁以上的老人死亡了 400 余人。

人们并没有很快弄清楚烟雾产生的原因。直到 20 世纪 50 年代，人们才惊奇地发现，城市空气污染的罪魁祸首是汽车的排放，它占整个城市空气污染比例的 60% ~ 70%。

原来，洛杉矶作为美国的第三大城市，在 20 世纪 40 年代初就拥有汽车 250 万辆。这些汽车每天大约要消耗 1100 吨汽油，排出约 1000 吨碳氢化合物（HC）、300 吨氮氧化合物（NO_x）和 700 吨一氧化碳（CO）。碳氢化合物（HC）、氮氧化合物（NO_x）在大气环境中，受强烈的紫外线照射后会产生一种新的二次污染物（主要是 O_3、醛、酮、酸、过氧乙酰硝酸酯等），二次污染物和氮氧化合物

图 7-8 光化学烟雾的形成

（NO$_x$）、碳氢化合物（HC）反应就会形成有毒的光化学烟雾（图 7-8）。由此，洛杉矶烟雾事件之谜正式揭开。

20 世纪 40 年代之后，随着全球工业和汽车业的迅猛发展，世界上很多城市都不断地发生着光化学烟雾事件，如东京、大阪、伦敦、北京、南宁和兰州等地均发生过光化学烟雾现象。

②温室效应促环境新问题。自工业革命以来，人类向大气中排放的二氧化碳（CO$_2$）等吸热性强的气体逐年增加。森林的大量采伐，使大气中应被森林吸收的二氧化碳（CO$_2$）气体又没有被吸收。于是，大气环境中的二氧化碳（CO$_2$）气体含量逐渐增加。当大气中的二氧化碳（CO$_2$）气体达到一定浓度后，就会形成像一层日益加厚的"透明薄膜"。

太阳光照射在地球表面，短波辐射透过大气层摄入地面，经地面增暖后，放出的长波辐射却被日益形成的"透明薄膜"所吸收，从而使人类赖以生存的环境里的大气变暖的效应即为温室效应。

无数辆行驶在大街小巷的汽车，在排放有害气体的同时，也是惊人的活动散热器，它们和空调、冰箱等制冷电器一起不停地吞能吐热。汽车排放中的二氧化碳（CO$_2$）气体使城市的"体温"不断升高，加剧着温室效应。

未来几十年，随着温室气体浓度的增加，会使地球变得更"温暖"、海平面上升（图 7-9）、气候反常、极端天气变多、土地盐碱化、土地沙漠化、大气缺氧……

③浮尘飘飘不见路。浮尘是浮游在空中大量极微细的尘粒或烟粒等，使天空呈土黄色，水平能见度不足 10 千米的现象（图 7-10）。

图 7-9 海平面上升

图 7-10 浮尘天气

浮尘天气亦会影响人类健康。浮尘里面含有很多颗粒物，小于 10 微米的颗粒物（PM_{10}）能长驱直入人的眼、鼻、喉、皮肤等器官和组织，小于 2.5 微米的颗粒物（$PM_{2.5}$）能经过呼吸道沉积于肺泡。肺内尘粒一旦超过肺本身的清除能力，就会沉积于胸腔内，导致肺及胸膜的病变，引起支气管炎、肺炎、肺气肿及肺癌等疾病。

空气中除燃煤、秸秆焚烧等工农业污染源外，汽车尾气对 $PM_{2.5}$ 的影响非常大，占到 60% 以上。

（2）石油消耗展危机。

工厂里，你可以看到机器在运转；田地里，你可以看见拖拉机在奔跑；公路上，你可以看到汽车在行驶；天空中，你可以看见飞机在飞翔；江边和海边，你可以看到轮船、军舰在航行。你又可曾想到，它们都需要同一样东西？

它就是石油。19 世纪，内燃机的发明促使了石油工业突飞猛进的发展。第二次世界大战后，有机合成技术的大大提高，让石油进入了综合利用时期。人们把它提炼成各种产品，运用到了国民经济的各个部门，应用在现代化生活的许多领域中。

今天，石油不仅是世界各国发展的重要物资，同时，也是世界各国安全机制的战略性物资。然而，石油是千百万年以前的古生物在地壳变动中埋入地下，逐级演变成有机碳氢化合物的混合物。因此，石油资源是有限的。

资料显示，按照目前石油的消耗速度，石油还可以供应 40 年左右。考虑到原油的发现、新的开发技术的采用、焦油沙层和油母页岩的开发，石油工业最多还能维持 100 多年。受能源供应危机的影响，"改变世界的机器"——汽车，迎来了它的生存危机。

2. 多"方"协同缓危局

（1）排放标准控污染。

为遏制汽车排放对环境的污染，世界各国相继提高了汽车尾气排放的标准。目前，国际上执行的汽车排放标准主要有欧、美、日三大体系。其中，以欧洲标准应用较广。

欧洲汽车尾气排放标准在 1992 年前已实施若干阶段。从 1992 年起开始实施"欧Ⅰ"汽车尾气排放标准；1996 年起开始实施"欧Ⅱ"汽车尾气排放标准；2000 年起开始实施"欧Ⅲ"汽车尾气排放标准；2005 年 1 月起开始实施"欧Ⅳ"汽车尾气排放标准；2009 年起开始实施"欧Ⅴ"汽车尾气排放标准；2014 年起开始实施"欧Ⅵ"汽车尾气排放标准。

2024 年 5 月 8 日，欧盟（EU）正式公布了"欧Ⅶ"汽车尾气排放标准

（图7-11），该标准已于2024年5月28日正式生效并于2025年7月1日起实施。"欧Ⅶ"规定的乘用车和厢式货车等轻型车辆的排放限值与现行"欧Ⅵ"基本保持一致。值得关注的是，其首次引入了针对制动和轮胎磨损所产生的超细颗粒物的排放限值；另外，不仅传统燃油车，电动汽车和氢燃料电池电动汽车也被纳入"欧Ⅶ"范围。

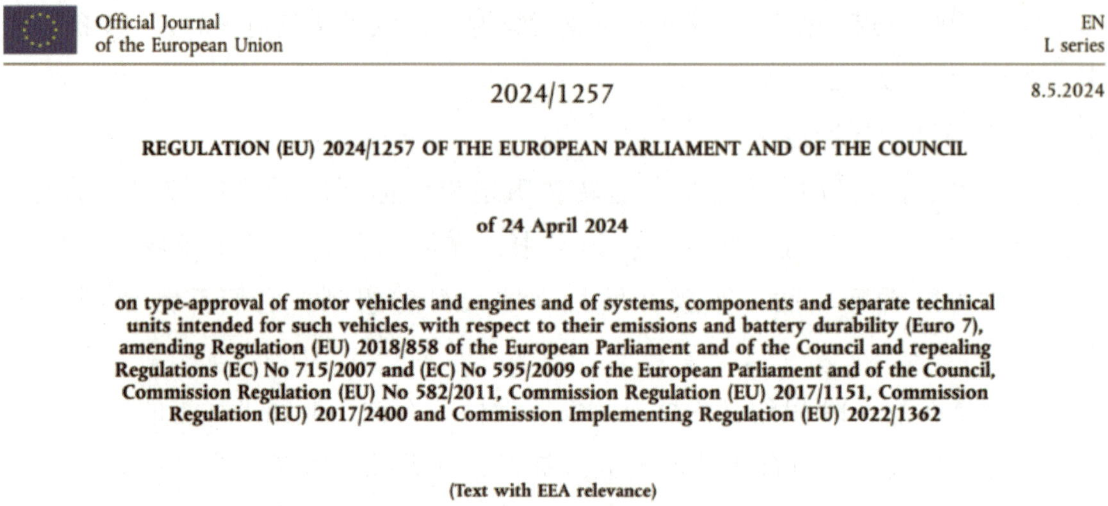

Official Journal
of the European Union

EN
L series

2024/1257

8.5.2024

REGULATION (EU) 2024/1257 OF THE EUROPEAN PARLIAMENT AND OF THE COUNCIL

of 24 April 2024

on type-approval of motor vehicles and engines and of systems, components and separate technical
units intended for such vehicles, with respect to their emissions and battery durability (Euro 7),
amending Regulation (EU) 2018/858 of the European Parliament and of the Council and repealing
Regulations (EC) No 715/2007 and (EC) No 595/2009 of the European Parliament and of the Council,
Commission Regulation (EU) No 582/2011, Commission Regulation (EU) 2017/1151, Commission
Regulation (EU) 2017/2400 and Commission Implementing Regulation (EU) 2022/1362

(Text with EEA relevance)

图7-11　2024年5月8日，欧盟正式公布了"欧Ⅶ"汽车尾气排放标准

我国根据国情，制定汽车尾气排放标准时参照了欧洲汽车尾气排放标准。2001年7月1日，"国Ⅰ标准"在全国范围内全面实施；2003年9月1日，"国Ⅱ标准"在全国范围内开始实施；2008年7月1日，"国Ⅲ标准"在全国范围内开始实施；2013年7月1日，"国Ⅳ标准"在全国范围内开始实施；2017年7月1日，"国Ⅴ标准"开始在全国范围内全面实施。

目前，我国实施的是"国Ⅵ标准"，它分两个阶段实施，即国Ⅵa阶段和国Ⅵb阶段。国Ⅵa阶段开始实施的时间是2020年7月1日；国Ⅵb阶段于2023年7月1日起开始实施。

（2）"紧衣缩食"节资源。

人们发现，若汽车整车质量降低10%，燃油效率可提高6%~8%；汽车轻量化后，其噪声污染方面性能也能有所提高。因而，尽可能地减小汽车尺寸、降低汽车的整备质量成为汽车节约能源、减少排气污染的重要举措。

20世纪80年代，梅赛德斯—奔驰汽车公司就开始做着这方面的工作。他们从"未来城市汽车"的观念出发，1994年与Swatch公司合资成立了MCC公司，合作开发一种超微型紧凑式汽车。后来，经设计研发，一款名为Smart的超微型紧凑式汽车于1997年在法兰克福国际汽车展览会上亮相了。1998年10月，Smart基本型在欧洲九个国家市场陆续上市销售（图7-12）。

面市以来，Smart总销售量已经超过了100万辆。不论是在燃油消耗方面，还是备受关注的二氧化碳（CO_2）排放量方面，它一直是全球节能型汽车的

笔记区

"排头兵"。Smart 着实为缓解世界石油危机带来了新的希望。

3. 寻觅能源找突破

（1）巧思妙想换"血液"。

汽车能源转型是汽车减少石油消耗的一个重要突破口，不论是汽油车、柴油车还是液化石油气汽车，其能源的最终上游都来自有限的石油资源。因此，人们越来越重视汽车燃料代替物的研制和开发。

天然气汽车（图7-13）、生物柴油汽车（遍布美国的生物燃料加油站如图7-14所示）、醇类汽车（图7-15、图7-16）、二甲醚汽车（图7-17）、氢内燃汽车（图7-18）、空气动力汽车（图7-19）的研发和使用都能有效地缓解石油危机。

图 7-12　超微型轿车 Smart

图 7-13　天然气汽车

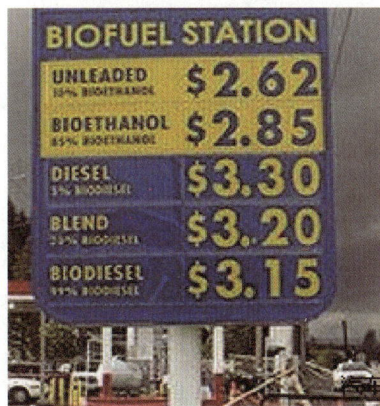

图 7-14　遍布美国的生物
燃料加油站

图 7-15　甲醇公交车

图 7-16　乙醇汽油汽车莲花 Exige 265E

图 7-17　二甲醚城市公交车

笔记区

147

图7-18 氢内燃汽车"氢程"

图7-19 MDI公司AIRPod空气动力汽车

（2）换颗"心脏"获重生。

①零排法案促纯电动汽车新生。1990年1月的洛杉矶汽车展上，通用汽车的总裁向全球推介了Impact纯电动轿车。该车仅重998千克，采用三相交流发电机，最高时速达176千米。当时因为价格劣势，这辆电动汽车还不具备与汽油车一决高下的实力。

但是，Impact纯电动轿车的亮相在某种程度上却促进了《ZEV法案》（Zero Emission Vehicle，《零排放车辆法案》）的孕育和诞生。1990年，加利福尼亚州议会通过一项《ZEV法案》，要求在1998年的汽车总销售量中，必须有2%的零排放污染汽车；到2000年，零排放汽车应占汽车销售总量的3%；2001年达到5%；2003年达到10%。随后，美国东部的10个州也相继出台了零排放法案。

通用汽车牢牢地抓住了《ZEV法案》这一大好契机，以Impact纯电动轿车的核心技术和设计为原型开发出了EV1纯电动汽车（图7-20）。1996年，EV1推向了市场，它的车身采用玻璃纤维制成，32块铅酸电池是主能源，车体质量为1000千克，最高时速可达128千米，一次充电可行驶144千米。

图7-20 EV1纯电动汽车

②研制燃料电池汽车美国再显身手。1991年，美国研制出世界上最早的燃料电池概念车Laser Cell TM。它采用储氢合金氢瓶，燃料电池功率为12.5千瓦，续驶里程达到303千米。

1993年，美国政府组织并施行了"新一代汽车联合体"燃料电池电动汽车开发计划，并投资了约15亿美元。2000年，美国通用汽车公司推出了基于欧宝赛飞利改装而成的"氢动一号"燃料电池概念车。

③丰田普锐斯开创混合动力新模式。电动汽车要发展，电池技术是"瓶颈"。为了解决电动汽车的这一难题，汽车工程师想到了一个两全其美的办法，

开发混合动力汽车。

1997 年，日本丰田汽车公司推出的普锐斯汽车（图 7-21）是世界上第一个大规模生产的混合动力车辆。它被销售到 40 多个国家和地区，其中最大的市场是日本和北美。普锐斯革命性地降低了车辆燃油消耗和尾气排放。它的划时代之意义与先进性得到了全世界的高度评价。

④电动汽车终将结束汽车石油时代。电动汽车在节能、环保方面有巨大的优势。因此，20 世纪 90 年代以来，诸多国家、诸多富有探索精神的汽车企业投身了电动汽车的研发工作中。

1999 年，木田推出了混合动力电动汽车 Igsight；2002 年，通用推出的基于欧宝赛飞利 MPV 改进的"氢动三号"燃料电池原型轿车完成了 7.5 万公里的路试，获得日本公路行驶许可，成为首款在日本得到公路行驶许可的液氢燃料电池电动汽车（图 7-22）；2008 年，比亚迪推出全球首款不依赖专业充电桩的双模电动汽车——比亚迪 F3DM（图 7-23）；2011 年，通用旗下全球首款增程型电动汽车雪佛兰 Volt 正式在我国上市；2013 年，上汽集团在广州国际车展上发布了旗下首款插电式混合动力电动汽车——荣威 550 插电版混合动力电动汽车（图 7-24）；2015 年，长安逸动纯电动汽车正式上市；2017 年，浙江零跑科技股份有限公司的首款量产新能源汽车零跑 S01 亮相；2018 年，长城汽车 WEY 品牌旗下第一款新能源产品，插电式混合动力电动汽车豪华 SUV WEY P8 正式上市（图 7-25）；2020 年，广州小鹏汽车科技有限公司初代纯电动智能轿跑汽车小鹏 P7 上市；2020 年，广州汽车集团股份有限公司的新能源汽车埃安 V 正式上市（图 7-26）；2021 年，AITO 发布了首款智慧豪华纯电动 SUV 型汽车——问界 M5 EV；2021 年，小米汽车有限公司成立，2024 年 3 月，其旗下首款汽车小米 SU7 正式上市……

笔记区

图 7-21 丰田普锐斯

图 7-22 氢动三号

近年来，全球新能源汽车产业高速发展，年销量逐年上升（图 7-27）。2024 年，全球新能源汽车销量达到 1823.6 万辆；中国新能源汽车销量达到 1286.6 万辆，占全球新能源汽车销量的 70% 左右。这已是中国连续第十年稳居全球新能源汽车销量榜首。

图 7-23　比亚迪 F3DM

图 7-24　荣威 550 插电版混合动力汽车

图 7-25　WEY P8

图 7-26　广汽新能源埃安 V

图 7-27　2013—2023 年全球汽车及新能源汽车年销量及增速率

故事三
智技畅行未来

1. 道路交通问题多

（1）事故频发害人命。

1899 年，在美国纽约，一位先生在帮助一位妇女下电车时，不幸被一辆路过的汽车碰撞身亡，这就是历史上第一起汽车交通事故。

随着汽车的普及，汽车交通事故（图 7-28）对人类生命的威胁，仅次于心脏病、癌症及其他突发疾病。它每年能夺取约 124 万人的性命，世界公路变得越来越危险。预计 2030 年，因汽车交通事故死亡的人数会翻 3 倍，达到 360 万人。汽车交通事故犹如流行病蔓延，越来越多的人受其危害。

（2）交通拥堵人烦忧。

"一场小雨，足以使某地交通陷入瘫痪！若驶过一条短短 3 公里的城区主干道，你尽可翻开《三国演义》，从桃园三结义的豪情读到关羽走麦城的苍凉，车龙仍蜿蜒在原地纹丝未动。恍惚间，仿佛车道变成长坂坡，堵满了曹魏八十万大军……"

"昨晚 7 点 30 分，我市实时路况图上全市道路全线飘红，时速低于 20 公里的道路上百条，只有市郊道路还能看见星星点点的绿色。由于堵车，许多市民受到影响……"

以上两段文字是关于道路交通拥堵（图 7-29）的报道片段。其实，随着"汽车城市""汽车社会"的到来，全球诸多国家均不同程度地存在交通拥堵现象。据统计，2024 年全球最拥堵的城市是土耳其的伊斯坦布尔，美国纽约和芝加哥分列第二、第三位。

交通拥堵会增加交通事故的发生几率；延误货物的运输；增加人们的出行时间和出行成本；影响人的情绪与工作效率；加剧能源消耗，威胁人类健康并破坏人们类赖以生存的环境……

2. 行车安全科技帮

汽车交通事故频发、交通拥堵严重是全球道路交通治理面临的共同挑战。面对困局，各国车企、科技公司纷纷加码科技研发，以前所未有的力度探索破局之法，力求解决这一世界性难题。

笔记区

图 7-28　汽车交通事故

图 7-29　交通堵塞

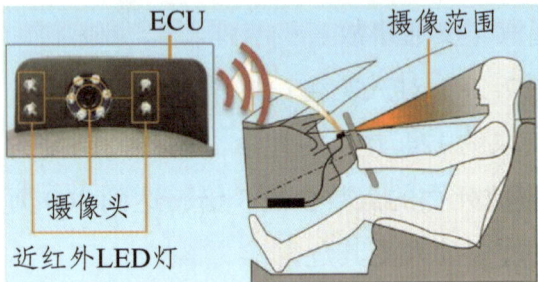

图 7-30　驾驶人疲劳驾驶预警系统原理图

（1）瞌睡警告装置（图 7-30）防疲劳。

据统计，在美国的公路上，每年由于驾驶人在驾驶过程中打瞌睡而导致的大约 10 万起交通事故中，有 1500 起直接导致人员死亡。在德国，高速公路上导致人员伤亡的事故，有 25% 是由疲劳驾驶引起的。在我国，每年因疲劳驾驶引起的交通事故，导致的经济损失高达数百万元（人民币）。有关汽车驾驶人的疲劳检测问题，随着高速公路的发展和车速的提高，已成为研究汽车安全的一个重要的环节。

在驾驶人疲劳驾驶预警系统的研究方面，美国研制出的瞌睡预警系统（The Drowsy Driver Detection System，DDS）采用多普勒雷达和复杂的信号处理方法，可获取驾驶人烦躁不安的情绪活动、眨眼频率和持续时间等疲劳数据，用以判断驾驶人是否打瞌睡或睡着，该系统可制成体积较小的仪器，安装在驾驶室内驾驶员头顶上方，完全不影响驾驶人正常的驾驶活动。欧盟依托 AWAKE 项目研发的驾驶人疲劳检测报警系统，通过捕捉眼睑闭合频率、转向盘操作轨迹等生理与行为信号，结合信息融合技术判定疲劳等级，采用声光警示、安全带振动等方式唤醒驾驶员注意力。日本则研制出了 DAS2000 型路面警告系统、驾驶人 24 小时无睡意的电子"清醒带"。

在我国驾驶人安全状态监测领域，高校（清华大学、吉林大学、中国人民解放军空军军医大学、东南大学、首都师范大学等）、科研院所（航空医学研究所）与科技企业形成了协同研发格局。其中，由清华大学和东南大学几位博士组建的中国单片机公共实验室南京研发中心，联合南京远驱科技有限公司推出的 gogo850 DDS 系统尤为瞩目——该系统是我国首款具备商业化运营能力的疲劳驾驶预警产品，不仅持有国家级软件著作权，还拥有 2 项核心专利技术。

gogo850 DDS 系统主要通过检测驾驶人眼睛的开合情况来进行识别；不仅如此，该系统还增加了对瞳孔的识别，通过对瞳孔明暗的检测，识别出驾驶人睁眼睡觉的情况；并且，基于红外图像的处理，其不仅能在阳光下进行识别，还能在黑暗中识别；同时，系统还能对带各类眼镜的驾驶人进行识别。

（2）禁酒闭锁系统止酒驾。

为减少酒后驾车引起的交通事故，沃尔沃汽车公司率先推出了一种协助防止酒后驾车的创新型系统——禁酒闭锁系统（图7-31）。它是一个完全集成的车内"酒精锁"（Alcolock），利用的是先进的燃料电池技术。

图 7-31　沃尔沃"禁酒闭锁系统"

在汽车起动前，驾驶人先向无线手持设备里呼气。手持设备分析驾驶人呼出的气体，通过无线信号把分析结果传送给汽车的电子控制系统。如果血液酒精浓度超过设定值，发动机就不会起动。

（3）"盲区监测"给提示。

车辆盲区是众多并线车祸的元凶，盲区监测功能（图7-32）通过雷达或摄像头可以探测到车辆盲区内是否存在其他车辆。当其他车辆进入到探测范围时，汽车会通过警示图像提醒驾驶人，为驾驶人变道并线提供依据。一般配备盲区监测功能的车辆会在外后视镜或者A柱位置设置有警示灯，当其他车辆接近时，警示灯会亮起以提醒驾驶人。首款配备盲区监测功能的车型是第二代沃尔沃S80。

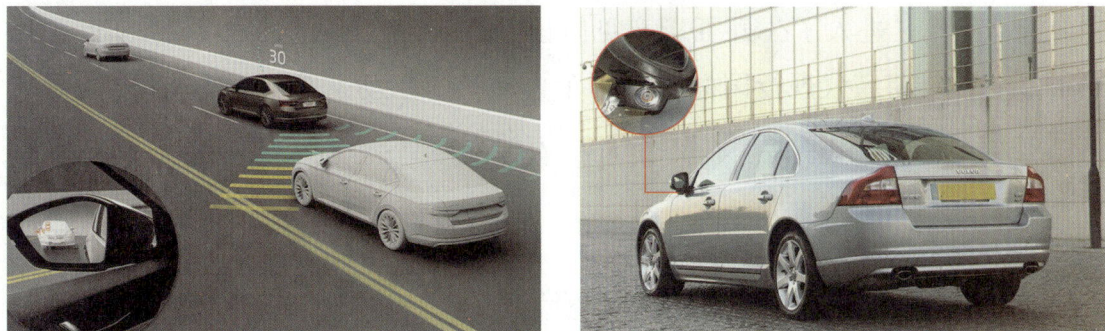

图 7-32　盲区监测功能

（4）车道保持与偏离预警功能做警示。

在一定速度范围内，车道保持功能开启之后，汽车会识别道路上的车道线，如果在没有打转向灯的情况下，车辆偏离了车道，车辆会向驾驶人发出警报，驾驶人如果没有作出反应，车辆就会自行纠正。

（5）车距自动保持系统保"车距"。

在车辆行驶过程中，通过安装在车身前部的微波雷达传感器，实现车间距离的自动检测，并帮助驾驶人判断自己车与前方车辆是否处于安全行驶状态，

笔记区

当车距达到临界安全距离时，系统会报警提醒驾驶人，甚至会自动控制车速和制动装置，与前方车辆保持设定的间距，保证行车安全。

（6）底盘升降技术保安全。

目前，底盘升降技术主要用于高端汽车，它可以保障汽车在行进中与地面的距离随着车速不断调整，以提高缓冲能力，达到最高的安全和舒适要求。

（7）"自动制动"施援手。

有数据统计表明，75%的事故都发生在低于30千米/小时车速下，而自动紧急制动系统是这类事故的克星。当车辆的速度低于30千米/小时，它利用车辆前部安装的光学雷达系统监视交通状况，尤其是车头前6米内的情况。一旦发现潜在的碰撞危险（障碍物、前车减速、前车停车等），系统将发出警告并准备制动，如果驾驶人没有采取行动，系统将自动制动以减少碰撞的严重程度或避免碰撞。

图7-33 标配沃尔沃 City Safety 系统的沃尔沃 XC60 汽车

世界上首个在汽车上标配自动制动的是沃尔沃汽车。沃尔沃的自动制动系统于2008年推出，名为 City Safety 系统（城市安全系统），标配于当年上市的 XC60 汽车（图7-33）。目前，沃尔沃在售汽车已全部配备自动制动系统。此外，奔驰（pre-safe 系统）、丰田（Pre-Collision System，PCS）、本田（Collision Mitigation Brake System，CMBS）等车企也推出了类似系统，自动紧急制动系统有普及之势。

在我国，国家标准《轻型汽车自动紧急制动系统技术要求及试验方法》已完成起草工作，进入了公开征求意见阶段，征求意见截止日期为2025年6月30日，该标准将替代现行国标《乘用车自动紧急制动系统（AEBS）性能要求及试验方法》（GB/T 39901—2021）。该标准实施后，所有的乘用车必须安装自动紧急制动系统。

3. 和谐交通要"打造"

香港是一个人多地少、高楼林立的城市，我们甚至可以设想，密集的高楼里的人们在上下班的时候走出来，会把窄小的街道铺满。然而，就是这样的一个城市，它有我们羡慕的和谐交通。

香港的公共交通四通八达，密如蜘蛛网，构思精巧，没有公共交通不能到达的地方。全香港近一半的人居住在地铁站500米的范围内，几乎所有常去的地方都有地铁到达；换乘也很快，一般下车同站台就能换乘；地铁口就有公共汽车站台，出了地铁就能乘坐公共汽车；公共汽车站上每个线路的车都有自己的固定栏杆口，候车乘客按需进入各自栏杆排队候车（图7-34），驾驶人会将车门准确对准上车的栏杆口；公共汽车是世界大品牌、高质量汽车；公共汽车严格

笔记区

规定乘坐人数，不超载；公共汽车车况好、车厢干净并安静，乘坐十分舒适；在上下班高峰时段，工作人员维持秩序、缩短地铁及公共汽车发班间隔时间，乘客有序乘车（图7-35）；公共区域指示标志健全、清晰（图7-36）。

图 7-34　乘客等候公共汽车

图 7-35　上下班高峰时段乘客有序乘车

a)

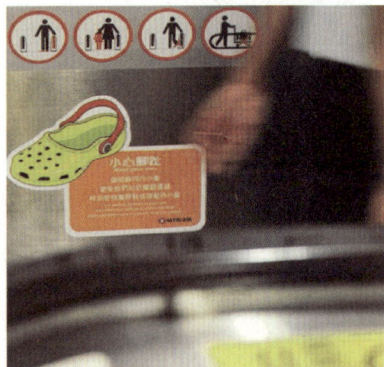

b)

图 7-36　公共区域指示标志

此外，香港的个别路口的建筑物，一楼是敞开的，可以通行；空中人行通道（图7-37）发达，你要去什么地方，经由人行通道与地铁、公交对接，十分便利；楼里的人出来，也不会形成蚁阵似的"街铺"。

图 7-37　空中人行通道

香港的"畅通无阻的立体交通世界"是建造出来的，更是管理出来的。交通是一个城市治理能力的体现，在"不堵车""低事故"的表面现象背后的东西才是更重要的。

4. 畅通出行不是梦

（1）2009年"飞行汽车"首试航。

2009年3月，美国纽约的机场跑道上，一项特别的飞行正待开始。

驾驶人菲尔·米特曾是一名空军少校，有丰富的飞机驾驶经验。这一次，他驾驶的是一辆"飞行汽车"（图 7-38）。这款由美国 Terrafugia 公司制造的汽车由一个四冲程发动机提供动力，每加满一次油，可飞行大约 800 千米，可以在 760 多米的跑道上滑行起飞或者着陆。它的车身与普通汽车相似，特别之处是它的车门部分多了两个可折叠的翅膀。在陆地行驶的时候；翅膀折叠，飞行的时候，翅膀张开。

a)

b)

图 7-38 飞行汽车

笔记区

最终，菲尔·米特驾驶着这辆汽车以 184 千米/小时的速度飞行了 4 小时。返回地面后他高兴地说，"飞行汽车"确实是一辆好车。

（2）2018 年，日内瓦车展飞行汽车再亮相。

2018 年，日内瓦车展上，荷兰 Pal-V 公司正式发布了旗下首款量产飞行汽车 PAL-V Liberty，并开始在其公司网站上接受预订，售价约 60 万美元（图 7-39）。飞行汽车 PAL-V Liberty 被业界誉为最有希望量产的飞行汽车：由双发动机提供动力，可乘坐两人；采用了三轮设计，起飞时放开螺旋桨和尾桨就可以变身旋翼飞机。

a)

图 7-39

b)   c)

图 7-39　飞行汽车 PAL-V Liberty

（3）"陆地航母"领飞中国低空经济。

2024 年 11 月 12 日至 2024 年 11 月 17 日，在广东省珠海市珠海国际会展中心举办的第十五届中国国际航空航天博览会专门设立了低空经济馆，全方位展示低空经济相关企业及应用场景。

作为低空经济代表企业，小鹏汇天（广东汇天航空航天科技有限公司）在开幕首日进行了分体式飞行汽车"陆地航母"全球首次公开飞行（图 7-40）。小鹏汇天创始人赵德力在现场首次展示了陆行"母舰"和飞行器自动分离结合的全过程，向世界展示了我国企业在低空经济领域的能力与潜力，同时也为未来飞行汽车的使用提供了新的想象空间。

图 7-40　小鹏汇天"陆地航母"珠海航展全球公开首飞现场

笔记区

故事四
智能车构建智慧城

著名作家叶永烈在 1961 年开始创作的《小灵通漫游未来》一书中，描绘着一种高度智能化的"飘行车"，它能蹚过河流、飞上天空，就连小孩子都可以轻松驾驭。

1. 今天，人们正在不断地将"飘行车"变成科学事实

1）飞行汽车"翱天际"

2009 年，美国 Terrafugia 公司制造的"飞行汽车"使汽车实现了"飞跃梦”。它的出现，使拥堵不堪的现代城市交通，有了缓解的新办法。值此之后，丰田、大众、波音、空客、英特尔等公司均着力于研发飞行汽车，我国车企也不例外。

2017 年，浙江吉利控股集团有限公司收购了美国 Terrafugia 公司的全部业务及资产，开启飞行汽车的研发之路。2021 年，其旗下产品 Transition（太力飞车 TF-1）获得美国联邦航空局（FAA）适航证书（图 7-41）。目前，湖北吉利太力飞车有限公司的第一款工业无人机 XC－25 已经实现量产，正在研发载人空中飞车。

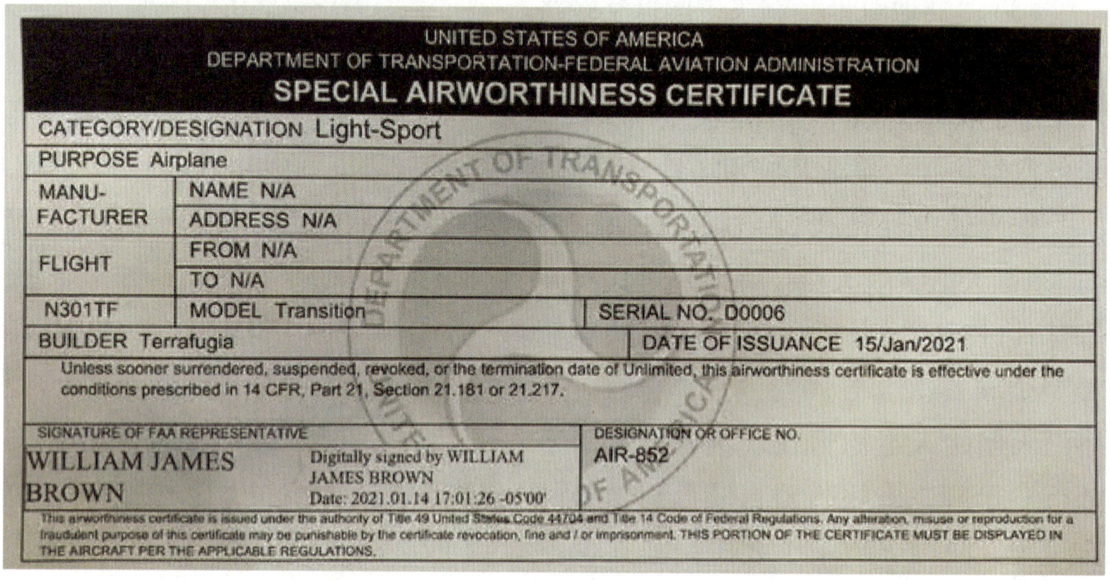
UNITED STATES OF AMERICA
DEPARTMENT OF TRANSPORTATION-FEDERAL AVIATION ADMINISTRATION
SPECIAL AIRWORTHINESS CERTIFICATE

CATEGORY/DESIGNATION Light-Sport
PURPOSE Airplane
MANU-FACTURER | NAME N/A; ADDRESS N/A
FLIGHT | FROM N/A; TO N/A
N301TF | MODEL Transition | SERIAL NO. D0006
BUILDER Terrafugia | DATE OF ISSUANCE 15/Jan/2021

Unless sooner surrendered, suspended, revoked, or the termination date of Unlimited, this airworthiness certificate is effective under the conditions prescribed in 14 CFR, Part 21, Section 21.181 or 21.217.

SIGNATURE OF FAA REPRESENTATIVE: WILLIAM JAMES BROWN — Digitally signed by WILLIAM JAMES BROWN Date: 2021.01.14 17:01:26 -05'00'
DESIGNATION OR OFFICE NO.: AIR-852

This airworthiness certificate is issued under the authority of Title 49 United States Code 44704 and Title 14 Code of Federal Regulations. Any alteration, misuse or reproduction for a fraudulent purpose of this certificate may be punishable by the certificate revocation, fine and / or imprisonment. THIS PORTION OF THE CERTIFICATE MUST BE DISPLAYED IN THE AIRCRAFT PER THE APPLICABLE REGULATIONS.

图 7-41　FAA 颁发给 Transition（太力飞车 TF－1）的适航证书

目前，飞行汽车的发展虽然仍存在很多障碍，但今天的人们正在将“飘行车”变为科学事实是确定无疑的事实。

（2）水陆两栖车“趟河流”。

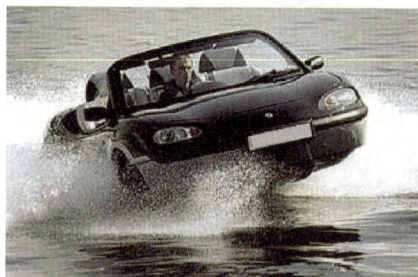

图 7-42　水陆两用运动型跑车“阿夸德”

①2003 年“阿夸德”首尝试。2003 年 9 月 3 日，在风和日丽的泰晤士河畔，一辆既像跑车又像汽艇的“两栖动物”从河岸上的一个斜坡驶入河中，操作灵便、行动敏捷、优雅自如。这是英国吉布斯科技公司设计的水陆两用运动型跑车“阿夸德”（图 7-42）正在进行第一次试车，最终“阿夸德”获得了圆满的成功。

吉布斯科技公司推出“阿夸德”的真正原因则是考虑泰晤士河从伦敦穿过，伦敦有繁忙的交通，如果人们能驾车离开公路，穿越泰晤士河或其他河流的水面，抄近路到达目的地，则该车就具有非常积极的意义。“阿夸德”的转向盘安装在前仪表板中央的位置上，驾驶人必坐在中间进行操纵，两个

笔记区

乘客位则布置在后部,分列两侧。当车驶入水中以后,四个车轮缩入轮拱,汽车的驱动装置也改换成了喷气驱动器。如果让从高速公路奔驰的"阿夸德"飞速跃进河中,并依然能够以高速行驶在水面上,技术熟练的驾驶人只要 10 秒就可以完成这个转换。该车在陆地上行驶时,最高时速可达 161 千米,而驶入水中后,最高时速可达 48 千米。

②2008 年潜水跑车 sQuba 再创新。2008 年 3 月 4 日,在瑞士日内瓦举办的第 78 届日内瓦国际汽车展媒体开放日上,瑞士 Rinspeed 公司展出水陆两用概念车 sQuba(图 7-43)。这款敞篷概念车平时可以像普通汽车一样在公路上奔跑,可以在水面上行驶,如有必要它还可以像潜水艇一样潜入 10 米深的水下航行。它在水下潜行时,靠底盘后侧的螺旋桨推进,车上人员则需佩戴上氧气面罩(图 7-44)。

图 7-43 第 78 届日内瓦国际汽车展上
展出的水陆两用概念车 sQuba

图 7-44 潜行的水陆两用
概念车 sQuba

目前,水陆两用车量产化、民用化还存在着很多障碍,但人们研究它、发展它,是在把"飘行车"变为科学事实上的又一次实践。

(3)未来汽车"有生命"。

李培新,新怡工业设计公司设计总监,是 2010 年和 2011 年两届米其林汽车设计大赛金奖获得者。

"我当时在想,汽车可不可以从很小慢慢地旋转过来变成 4 个人乘坐,平常的时候可能是 1 个或者 2 个人乘坐。这样的话就对整个交通压力减轻 50%,至少减轻 50%。"李培新根据这一构思,结合海螺的生长特性,于 2010 年设计出了"有生命的变形汽车"(图 7-45)。

"企鹅平常直着走的时候其实挺慢的,但它真正下水以后是很快的,所以,我就在想,汽车能不能从一种慢的状态突然变成一种快的状态,而且很自由很灵活。通过汽车站立来解决占空间的问题,就是说让汽车可以竖起……"一年后,李培新又在企鹅的身上找到了灵感,设计出面向未来的新能源

图 7-45 有生命的变形汽车

汽车 NLPX-YOX（图7-46）。

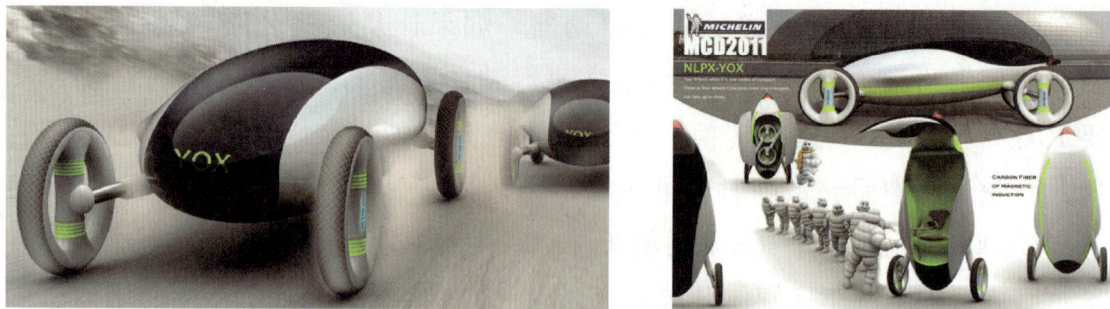

图7-46　新能源汽车 NLPX-YOX

　　李培新的富有灵感的这两款设计作品在获得赞誉的同时，也为汽车的未来提出了新的可能。或许不久的将来，汽车为之而变。

　　（4）未来汽车"自行走"。

　　从20世纪70年代开始，美国、英国、德国等国家开始了无人驾驶汽车的研究。所谓无人驾驶汽车，是指一种智能汽车，也称为轮式移动机器人，主要依靠车内的以计算机系统为主的智能驾驶仪来实现驾驶目的。目前，无人驾驶汽车在可行性和实用性方面都取得了突破性的进展。

　　美国谷歌无人驾驶汽车项目是塞巴斯蒂安·特龙（Sehastian Thrun）的智慧结晶，它于2014年5月28日在 Code Cofrence 科技大会上被推出（图7-47）。英国第一辆无人驾驶汽车于2015年2月亮相，它是旨在帮助乘客、购物者和老年人短距离出行（图7-48）。德国汉堡的 Ibeo 公司，应用先进的激光传感技术把无人驾驶汽车变成了现实：这辆无人驾驶智能汽车在车身安装了6台名为"路克斯"（LUX）的激光传感器，由普通轿车改装而成，可以在错综复杂的城市公路系统中无人驾驶。法国 INRIA 公司花费十年心血研制出"赛卡博"（Cyeab）无人驾驶汽车，外形看起来像未来的高尔夫球车。2014年7月24日，百度启动无人驾驶汽车研发计划；2018年2月15日，百度 Apollo 无人驾驶汽车亮相央视春晚，在港珠澳大桥开跑，并在无人驾驶模式下完成"8"字交叉跑的高难度动作（图7-49）。2021年，俄罗斯无人驾驶机器人小车 Yandex. Rover 在莫斯科市中心一街区，开始为付费顾客送餐。

a)

b)

图7-47　谷歌无人驾驶汽车

图 7-48　英国无人驾驶汽车
Lutz Pathinder pod

图 7-49　百度 Apollo 无人驾驶
汽车

无人驾驶必将引领未来，因为它不仅能真正实现解放人们的双手，使人们的出行更安全，还能缓解交通压力。

知识链接：

自动驾驶汽车（Autonomous Vehicles；Self-driving Automobile）又称无人驾驶汽车、电脑驾驶汽车或轮式移动机器人，是一种通过电脑系统实现无人驾驶的智能汽车。它依靠人工智能、视觉计算、雷达、监控装置和全球定位系统协同合作，让电脑可以在没有任何人类主动的操作下，自动安全地操作机动车辆。

2. 未来，智能汽车构建智慧城

（1）展人类未来，"通用"提愿景。

2010 年 3 月 24 日，通用汽车公司在上海向全球首发了电动联网概念车 EN-V（图 7-50）。它融合了电气化和车联网两大技术，是通用汽车公司及其合作伙伴上海汽车集团股份有限公司对于未来个人交通变革的共同愿景和对 2030 年未来城市交通的展望。

图 7-50　EN-V 汽车

概念车 EN-V 在当年上海世博会的上汽集团——通用汽车馆内进行了公开展示。配合其展示的影片"2030 行"为我们描绘：借助智能化、网联化技术，汽车可实现与 X（车、路、人、云等）智能信息交换、共享，具备复杂环境感知、智能决策、协同控制等功能，可实现"安全、高效、舒适、节能"行驶的同时，还能最终实现对人类驾驶操作的替代。

（2）构建智慧城市，全球共发力。

在新一轮科技革命推动下，汽车产业迎来巨大变革，如今，智能化与网联化已成为汽车产业链升级和经济增长的重要方向。基于智能化和网联化技术而发展智能网联汽车，能显著提升道路运输效率、有效缓解交通拥堵，并保障交通安全，为解决当前汽车行业面临的环保、能源及交通问题，提供重要思路。以基于智能网联汽车的新型智慧交通系统为基础，依托低空经济这一新型综合性经济形态，与低空经济核心产品电动垂直起降飞行器（eVTOL），即飞行汽车，协同发展，构建多元综合交通体系，进而构建智慧城市，可提供更加完善的城市化综合解决方案。基于此，各国高度重视智能网联汽车的发展，积极推动智慧城市的构建。

笔记区

①发展智能网联汽车，全球共担当。智能网联汽车融合汽车工业、信息通信、人工智能、交通运输等多元产业，成为产业关联融合的关键载体。美国颁布《智能交通系统法案》等一系列政策，为行业发展保驾护航；欧盟启动全欧道路交通自动化发展协调项目，制定《欧洲智能网联汽车战略》等规划，引领区域内产业前行；我国于2018年便组建智能汽车创新发展小组，从国家层面统筹布局。与此同时，全球汽车行业领军企业如特斯拉、宝马、奔驰、比亚迪、长安、理想等，纷纷加大在智能网联汽车领域的研发投入，不断探索技术创新与应用突破，携手为智能网联汽车产业发展添砖加瓦。

知识链接：

智能网联汽车（Intelligent Connected Vehicle，ICV），是指搭载先进的车载传感器、控制器、执行器等装置，并融合现代通信与网络技术，实现车与X（车、路、人、云等）智能信息交换、共享，具备复杂环境感知、智能决策、协同控制等功能，可实现"安全、高效、舒适、节能"行驶，并最终可实现替代人来操作的新一代汽车。

②全球智慧交通新标杆，中国车路云一体化系统。汽车文明的深度演进在创造巨大社会价值的同时，也衍生出能源消耗、环境污染、交通拥堵、行车安全等系统性挑战。建设以智能网联汽车为核心，基于人工智能、互联网、大数据和云计算技术，具有高度智能化的人、车、路、网、云和社会一体化的新型智慧交通系统是目前解决上述问题的最优解。

2024年1月，工业和信息化部、公安部、自然资源部、住房和城乡建设部、交通运输部发布了《关于开展智能网联汽车"车路云一体化"应用试点工作的通知》（工信部联通装〔2023〕268号），其创新性地提出"车路云一体化系统"解决方案，构建车端智能、路侧感知与云端决策协同联动的智慧交通生态，为全球交通治理提供了创新范本。

③多元协同构建综合交通系统网络，智慧城市方始成。在能源革命与数字变革的强劲驱动下，城市交通领域掀起了一场影响深远的战略转型。从平面布局向立体架构的跃升，从单打独斗向协同共进的转变，这一系统性变革正在重塑城市交通脉络。

新能源汽车作为先锋力量，引领能源网络的全面重构；"车路云一体化"的智慧交通系统，以创新为核心，加速实现迭代升级；低空经济领域的 eVTOL（图 7-51），大胆突破，创新性地开拓城市空域。它们共同构成了智慧城市新生态的"三驾马车"，驱动城市交通驶向新的发展轨道。

图 7-51 峰飞自动驾驶 eVTOL 载人飞行器 V1500M

能源网络、智慧交通系统、低空经济三者紧密相连，深度协作，对城市空间结构进行全方位的优化与重塑，极大地提升城市的运行效率。能源网络就像城市交通的"绿色心脏"，持续为其输送可持续的发展动力；智慧交通系统运用前沿的技术手段与科学的管理模式，如同交通的"中枢神经"，保障整个交通体系安全、高效地运转；低空经济则如同为城市发展插上了"立体翅膀"，开拓出前所未有的立体发展空间。

依托数据平台强大的支撑，三者打破领域之间的重重壁垒，达成深层次的协同。这种协同效应为城市交通带来了三大突破性跨越：交通形态从二维平面迈向三维立体，交通模式从单一走向多元综合，交通管理从被动应对转变为主动治理。当低空飞行器依靠其精准的导航穿越错综复杂的智慧路网，新能源汽车在清洁的绿电网络中自由驰骋，智慧城市已不再是存在于图纸上的构想，它正步入人们的生活。

展望未来，随着新能源汽车、智慧交通系统和低空经济的持续创新与发展，智慧城市也将不断进化，为人们打造更便捷、更环保、更宜居的生活环境，引领人类社会迈向更加美好的明天。

? 想一想

知道了我国创新性地提出"车路云一体化"系统后，你有何感想？

技能训练

"汽车的利与弊"辩论赛

（1）全班分为五组，抽签决定正方、反方、智囊团、评委组和点评嘉宾；

（2）各组收集汽车对人类社会影响的相关资料；

163

（3）教师担任辩论赛主持人来组织辩论赛；

（4）评委点评、点评嘉宾评析赛事；

（5）辩论赛主持人宣布比赛结果，师生讨论、总结相关知识。

单元小结

汽车是"改变世界的机器"，它给人类社会带来的便利深入生活的方方面面，已经成为现代文明的象征。汽车又是一把"双刃利剑"，快速发展的同时也给社会带来了很多隐患。汽车的排放污染已经成了城市污染的罪魁祸首；汽车造成的交通事故，使世界每年逾100万人丧命；对石油的消耗，加速了世界石油危机……然而，人类没有停止探寻未来，随着智能技术的日渐成熟，汽车开始驶入智能化的时代。

思考与练习

（一）填空题

1. $PM_{2.5}$是指大气中直径小于或等于_____的颗粒物。

2. 汽车尾气排放中的_____气体使城市的"体温"不断升高，能加剧着温室效应。

3. 目前，我国实施的是国_____标准。

（二）判断题（对的画"√"，错的画"×"）

1. 光化学烟雾是指碳氢化合物（HC）、氮氧化合物（NO_x）在大气环境中，受强烈的太阳紫外线照射后会产生一种新的二次污染物，二次污染物和氮氧化物（NO_x）、碳氢化合物（HC）反应就会形成有毒的烟雾。　　（　　）

2. 天然气汽车、生物柴油汽车、醇类汽车、二甲醚汽车、氢内燃汽车、空气动力汽车的研发和使用都能有效缓解石油危机。　　（　　）

3. 日本丰田汽车公司推出的普锐斯汽车是世界上第一个大规模生产的混合动力车辆。　　（　　）

（三）简答题

简述缓解环境问题、能源危机的措施。

车界英豪

◎ 知识目标

1. 了解车界英豪的故事；

2. 了解汽车名人对汽车发展所作的贡献。

◎ 技能目标

能分析车界英豪成功的原因。

◎ 素养目标

1. 培养有理想、敢担当、能吃苦、肯奋斗的好品质；

2. 树立"干一行，爱一行"的爱岗敬业精神。

建议课时

2 课时。

汽车百年，像一曲华丽的乐章。

无数汽车先辈，前赴后继，奋勇拼搏，像一个个音符，游历于理想与现实的旋律之间，演绎汽车文明的精致和典雅。

星光闪耀，无数车界英豪，用永无止境的热情和动力，推动着人类文明的进步。

让我们追随英雄的脚步，朝着汽车梦一步步前行。

故事一
给汽车穿上 "鞋子"

给汽车装上现代化的"鞋子"——充气橡胶轮胎，经历了一个漫长过程。

车轮的出现大约在石器时代。据说有天才原始人，把石头凿成圆形，贯上轮轴，完成"车辆"的雏形；然后车进行了千年间的演进，大致上是从树干断面取材的实心圆木轮，进化到以一截一截的弯曲木条围成圈状，外覆钢铁轮带，内部以木质轮辐支撑结构，因此，车轮直径得以加大，以取得较佳的舒适度。

不过，硬边车轮与那个年代不平整的道路"硬碰硬"的结果，不仅颠簸难耐，车轮也容易损坏，所以中国的历代帝王不爱坐车爱乘轿，人脚才是最好的减振工具，因此舒适的汽车要称为"轿车"。

1. 硫化橡胶的发明

1839年冬天，一个中年人还在为如何改良橡胶苦苦思索。他的手上不断揉搓着一团胶泥——橡胶与硫的混合物，一不小心这团胶泥掉进了炉子，高温使混合物发生剧烈反应，同时散发出大量臭气。当橡胶团冷却下来，他惊讶地发现，橡胶不像平时那样坚硬，反而具有了更好的弹性和韧性。他就是查尔斯·古德伊尔，一个美国的发明家，他改变了世界的橡胶业，硫化橡胶开始用于车轮。

事实上，卡尔·弗里特立奇·本茨发明的世界第一辆汽车就是采用橡胶制成的实心轮胎。它增强了车轮与路面的附着力，降低了噪声。但对缓冲汽车行驶时产生的震动和冲击，实心橡胶轮胎并不比铁轮出色多少。

2. 充气轮胎的出现

就在汽车诞生后第二年的一天，一位叫约翰·博伊德·邓洛普的爱尔兰兽医在花园里浇花，看到儿子骑着三轮车，突然灵光闪现，觉得要是把这个浇水橡皮管子贴到车轮上，儿子骑起来应该很舒服。于是，他把橡胶做成管状，包在木质车轮边，然后充入气体。这种轮胎的弹性不但能充分吸振，还让车子得到了保护。世界第一条充气轮胎就这样诞生了。

3. 易拆换的轮胎

1889年5月28日，爱德华·米其林继承了祖父的事业，并在其兄弟安德鲁·米其林的帮助下正式创立了米其林公司，爱德华也成为第一任管理者，现代的米其林公司就是从此发展而来的。

就在这一年，一个偶然的事件引起了米其林兄弟对自行车的注意：一位顾客把爆胎的自行车送到米其林维修，这个自行车安装的是充气轮胎，很容易爆胎。当时轮胎的构造是把橡胶直接黏合于轮圈上，因此，更换新胎虽然只花3小时，但是要等6小时黏胶干透。爱德华想到，如果有更易维修的轮胎，那一定是很好卖的产品。

米其林轮胎的故事便从此开始了。1891年，米其林兄弟终于研制出易拆换的自行车轮胎。这种轮胎不再黏合在车轮上，而是由螺钉固定，这让轮胎拆换的时间缩短到了15分钟，兄弟二人富有远见地为他们第一件成功的发明申请了专利。这种可方便更换的轮胎在随后的各种自行车比赛中得到了最好的验证，也很快被大众认可。短短一年中，他们的产品已有10000名使用者。

4. 给汽车穿上现代化的"鞋子"

在那个年代，汽车开始发展起来了，米其林兄弟觉得，如果方便更换的轮胎能用在汽车上该有多好。可是，当时这个点子没有一个人敢相信，人们觉得汽车太重了。

1895年6月10日，一场争论持续到了深夜。米其林兄弟还在为是否参加第二天的比赛发愁，因为没有人愿意驾驶装有新式充气轮胎的汽车。经过一夜的思考，最终他们作出了决定。

1895年6月11—13日，米其林充气轮胎在巴黎—波耳多—巴黎全程1200千米的汽车赛事中露面（图8-1）。参赛选手共46名，最后只有10辆汽车坚持到终点，大多数汽车在比赛中散架了。而米其林两兄弟亲自上阵，出色地跑完了全程，并在巴黎轰动一时。很多好奇的人甚至把他们的汽车轮胎切开，寻找其中的奥秘。

图8-1 米其林兄弟驾驶装有充气轮胎的汽车

比赛验证了充气轮胎在汽车上的适用性，同时，也把第一条汽车轮胎的诞生写进了历史。汽车终于找到了现代化的"鞋子"。

笔记区

故事二
打不碎的玻璃

在汽车发明后的二三十年间，汽车的数量很少并且以相当慢的速度运行。但那时的车辆还没有安装风窗玻璃（图8-2）。为了防御恶劣的天气、昆虫以及其他路上飞溅的碎片，驾驶人和乘客一般都使用护风镜。

随着汽车机械性能的发展，车速变得越来越快，凌厉的风和飞溅的碎片打在驾驶人的脸上成了一个很严重的问题。为了减少这种麻烦，20世纪20年代，各汽车制造商在车上加了一块平板玻璃（图8-3）。但不幸的是，当玻璃破碎的时候，玻璃会碎成大片危险的尖锐碎片，继而伤害到乘员，这不符合安装风窗玻璃的初衷。

图8-2　未安装风窗玻璃的汽车

图8-3　装有平板玻璃的汽车

报纸上的一篇新闻引起了法国化学家别奈迪克的注意：一辆小汽车在雾天行车，不小心撞在电线杆上，三个乘客其中一个当场死去，另外两个被风窗玻璃碎片刺成重伤。这让他想起了当年的往事。

1903年的某天，别涅迪克在实验室里工作时，繁忙中不小心碰着木橱，顶上的一只玻璃烧瓶从3米多高的架子上"砰——"的一声摔倒在地。他下意识地去抢已来不及了。忽然，别涅迪克瞧着地上的烧瓶愣住了：奇怪，照理这样十分脆弱的玻璃烧瓶从这么高的地方摔在地上，早该粉身碎骨了。可这只瓶子却依然完好，只是瓶身上布满了裂痕，没有一片碎片，更有趣的是，瓶中的药水居然一滴也没有漏出来。他小心地捡起瓶子，左看右看，仔细地看了一下瓶内药名标签，陷入沉思。他认为这里肯定有什么不同一般的名堂。当时因为手头工作很忙，来不及对此做深入的思考，便把玻璃烧瓶放入柜中，并贴上一张小纸条，上面写道："注意，这只烧瓶于 1903 年 11 月从 3 米多高的地方摔至水泥地没碎，拾起来就是这个样子。"

读完这条新闻，别涅迪克脑海里立即浮现出前些日子实验室那只摔地未碎的玻璃烧瓶。他想："那只烧瓶摔地以后为什么不碎呢？如果在汽车的窗子上装这种不碎的玻璃，车里的人不是更安全吗？"

别涅迪克一跃而起，赶到实验室，找出那只贴有字条的瓶子。经过仔细琢磨，他终于悟出了瓶子掉地不碎的秘密：原来，那只烧瓶曾经装过硝酸纤维溶液，挥发后，瓶壁上留下了一层坚韧而透明的薄膜，牢牢地粘在瓶子上，所以，当它摔到地上时只是出现裂纹而不破碎，也就没有碎片飞散出来。这个发现一下子打开了别涅迪克的思路，他连夜调配试剂，在两层玻璃之间夹上一层透明的硝酸纤维素，使它们牢牢地黏合在一起，经过反复试验，一种不会震裂的防震安全玻璃终于问世了（图 8-4）。

如今，装有这种玻璃的汽车已经跑遍了世界各个地方，只不过硝酸纤维素被不易变色的聚乙烯醇缩丁醛胶片所取代。安全玻璃还被用在了人们的日常生活中：橱窗、高楼玻璃窗以及世界上几乎所有的文物都在使用这种安全玻璃作保护。它可以有效地防止袭击或冲撞，具有很强的防穿透能力。

安全玻璃，从此走向了人们生活的方方面面。

图 8-4 汽车安全玻璃

笔记区

故事三
让汽车成为艺术品

德国人卡尔·弗里特立奇·本茨发明了汽车，被誉为"汽车之父"。然而，真正把汽车带进艺术殿堂的是一位美国人。在这座以智慧为穹顶、以创新为支柱的汽车殿堂里，哈利·厄尔常被后人称作"美国汽车设计之父"。

1. 时代背景

从第二次世界大战结束到 20 世纪 60 年代，美国跃居为世界最富裕的国家，那个年代的美国是思想开放的年轻人的世界，他们需要能够与先锋的思想行为擦出火花的座驾。哈利·厄尔凭借直觉敏锐，带领通用设计团队出品了一批现今看来极为浮夸的车型。在通用汽车任职期间，哈利·厄尔设计的车型销售量达 3500 万辆。从某种层面上来说，是他，真正让通用汽车销量保持多年世界第一的位置。

2. 出生在好莱坞的设计师

哈利·厄尔于 1893 年 11 月 22 日出生在洛杉矶的好莱坞，他的父亲把哈利·厄尔送到斯坦福大学学习，希望他能在法律领域取得成就。由于哈利·厄尔在运动时受伤，被迫暂时回家修养。正是这场意外，成就了名垂汽车史的"汽车设计之父"。哈利·厄尔在家中休养，暂时替老厄尔在汽车厂工作，并逐渐喜欢上汽车这个"会跑"的钢铁机器。

为了拓宽销售渠道，哈利·厄尔用黏土做成车身模型，视车型效果决定是否制造这款车型，这种独特的展示方式引起了时任凯迪拉克总裁佛列得·费舍尔的注意。哈利·厄尔因此进入到通用汽车的凯迪拉克做设计工作。

3. 凯迪拉克的"敲门作"

哈利·厄尔进入通用汽车之后的第一项工作是为凯迪拉克设计一款入门级车型，用以填补凯迪拉克与别克品牌之间的市场空白。厄尔与通用另一位汽车工程师合作，仅用 3 个月的时间就完成凯迪拉克的拉赛尔（LaSalle）的原型车设计（图 8-5）。

1927 年，拉赛尔车型问世，立刻被认为是艺术家而非工程师设计的经典汽车，也是第一辆从前保险杠到尾灯都由设计师设计的汽车。亮丽的颜色，圆润的线条，锥形的尾部，修长低矮的轮廓，立即征服了人们。当汽车从黑色变成各种颜色以后，一下就打开了人们的视野：原来汽车是可以有颜色的，不同颜色可能代表着不同的人。50 款车型以及 500 种可供选择的配色和内饰方案（图 8-6），是 1927 年凯迪拉克最引以为傲的营销策略。

图 8-5　凯迪拉克的拉赛尔

图 8-6　拉赛尔内饰

拉赛尔的成功对于福特的 T 型车来说是个噩运。就在这一年，福特对于只有黑色的 T 型车作了停产决定，T 型车的神话破灭了。

笔记区

4. "改朝换代"的发起者

与费舍尔一样，时任通用汽车总裁阿尔弗雷德·斯隆也非常欣赏哈利·厄尔的才华。1927年，斯隆在通用成立了以哈利·厄尔为主管的艺术与色彩工作部（图8-7）。

斯隆与厄尔在讨论中意识到，人们希望拥有更时尚、风格更独特的汽车，不断变化的造型会刺激人们经常换车，产生多次的消费。这个理念被后人誉为"有计划的废止制度"。

"有计划的废止制度"是非常典型的美国市场竞争的产物，对于企业来说具有非常大的利益，企业可以仅仅通过造型设计达到促进销售的目的，创造了又一个庞大的市场。

5. 概念车设计的鼻祖

早在1922年，来自匈牙利的保罗·贾雷首先把风洞实验引入汽车领域，并在5年后申请了美国专利。流线型从此有了理论的依据。

1938年，别克Y-Job车型将哈利·厄尔的事业推向一个高度。别克Y-Job拥有平滑的曲线和突出车身水平感的腰线，流线型车身，这是世界上首款概念车，"船形"车身由它开始。哈利·厄尔在车展上为人们演示这款车时，说这就是未来的梦想之车（图8-8）。

图8-7　通用汽车的艺术色彩部门　　　图8-8　哈利·厄尔与别克Y-Job

Y-Job车型还开启了一种新的潮流，即在车展里展出概念车试探大众的反应，从而确定他们要造什么样的车。Y-Job车型另一贡献是黏土模型技术，这使得汽车的外形设计更加灵活多样，这项技术直至今日仍被广泛采用。

从此，各大汽车厂纷纷推出各种概念车，呈现给人们的不是汽车而是一个个梦想。

6. 让汽车插上"飞行翅膀"

时间进入20世纪40年代，在第二次世界大战阴云笼罩下的欧洲，汽车设计几乎停滞，美洲大陆也受到影响，但这并不妨碍哈利·厄尔的大胆想象，为1941年款Sixty Special的量产而努力。大量采用的镀铬装饰成为凯迪拉克1941年款Sixty Special（图8-9）的一大亮点，这也是那个年代最为经典的设

笔记区

计之一。

第二次世界大战结束后，哈利·厄尔的汽车设计插上了"飞翔的翅膀"，他开始从各种战斗机上得到启发。次年，我们便看到凯迪拉克 Sedanet 车型上银光闪闪的镀铬装饰和漂亮的尾鳍（图8-10），哈利·厄尔将汽车从单纯的交通工具变成了艺术和梦幻的精品。

图 8-9　1941 年款 Sixty Special

图 8-10　凯迪拉克 Sedanet

故事四

汽车销售之父

笔记区

假设你接到这样一个任务，在一家超市推销一瓶红酒，时间是一天，你认为自己有能力做到吗？你可能会说：小菜一碟。那么，再给你一个新任务，推销汽车，一天一辆，你做得到吗？你也许会说：那就不一定了。

如果是连续多年都是每天卖出一辆汽车呢？您肯定会说：不可能，没人做得到。可是，世界上就有人做得到，这个人在 12 年的汽车推销生涯中总共卖出了 13001 辆汽车，平均每天销售 6 辆（一年平均 200 个工作日），而且全部是一对一销售给个人的。他也因此创造了吉尼斯汽车销售的世界纪录，同时获得了"世界上最伟大推销员"的称号，这个人就是雪佛兰的推销员乔·吉拉德。

1. 35 岁走投无路去卖车

乔·吉拉德，1928 年 11 月 1 日出生于美国底特律市的一个贫民家庭。

25 岁，他遇到了建筑商阿比·萨巴斯丁，教他盖了 10 年房子，乔·吉拉德成为一位建筑师。萨巴斯丁退休时把营建事业全部移交给他，但是乔·吉拉德过于相信别人，35 岁时，盖了一些卖不出去的房子，最后宣布破产，不仅赔尽家产，还负债 6 万美元。

35 岁，正是准备攻上人生的山巅时，乔·吉拉德却跌落到最幽暗的人生谷底。走投无路时，乔·吉拉德向朋友求得汽车销售员的工作，上班第一天他积极卖出第一辆车给一位可口可乐销售员，而能向老板预支薪水，从超市买一袋食物回家让妻儿饱餐一顿，"在我眼中，他（指第一个客人）是一袋食物，一袋能喂饱妻子儿女的食物，那天回家我对太太琼发誓，从今以后不再让她为温饱而烦恼。"

2. 比客户更了解客户

20 世纪 60 年代，被喻为汽车城的全球汽车工业重镇底特律，至少有 39 家大型的汽车经销营业所，每家又各有 20 ~ 40 人不等的销售员，可说是全世界竞争最激烈的一处市场。

而没有人脉的乔·吉拉德，最初靠着一部电话、一支笔和顺手撕下来的 4 页电话簿，这就是全球汽车销售天王的起步。凭着不想再回头过苦日子的决心与毅力，乔·吉拉德自创许多行销做法，在上千汽车业务重兵集结的底特律，杀出一条血路。

乔·吉拉德认为，销售工作应该像摩天轮，业务员让刚购买产品的客户从摩天轮下来，换成另一批尚未购买的人搭上去；等摩天轮转了一圈，他们决定购买你的产品，让出座位，再由别人搭上摩天轮，如此周而复始。每隔 3 ~ 5 年人们就需要汰旧换新，如果你能保存购买记录、档案或日记，你就会知道他们的需求，甚至比客户还早知道。在业务员的摩天轮上，有新客户，也有老客户，但无论是谁，好的业务员会详细记录客户的资料，定期问候名单上的人，并将最新资料记载到档案中。

长久下来，你就能知道客户的地址、职业，现在用的是什么产品，何时要购买新产品，需不需要贷款等，有时你甚至可能是和客户唯一谈过话的业务员。这就是乔·吉拉德让他的"摩天轮坐满客户"的方法。

3. 买东西，第一个想到你

乔·吉拉德发现，很多业务员对于从事业务工作感到难以启齿，不过他很坚定地告诉全天下，他以从事汽车销售为荣，"我的名字是乔·吉拉德，我一年会出现在你家 12 次，当你想要买车时，自然会想到我！"这就是吉拉德的名言。

乔·吉拉德在汽车业务员生涯中，销售了 1.3 万辆车，不仅让自己飞黄腾达，也帮汽车厂和零件供应商创造了成千上万个工作机会，对社会的贡献比许多企业主还大。他以身为业务员而感到自豪，强调业务员一定要让所有人都知道你的工作，知道你随时可以提供他们需要的产品。

4. 名片是最便宜的传单

乔·吉拉德很有耐性，不放弃任何一个机会。或许客户五年后才需要买

笔记区

车，或许客户两年后才需要送车给大学毕业的孩子当礼物；没关系，不管等多久，乔·吉拉德都会不时打电话追踪客户，一年中每个月都不间断地寄出不同花样设计、上面永远印有"I like you！"的卡片给所有客户，最高纪录曾每月寄出16000封卡片。

乔·吉拉德有一个特别的习惯，喜欢在公众场合"撒"名片，例如在热门球赛观众席上，他便整袋整袋地撒出名片，他耸耸肩表示，"我同意这是个很怪异的举动，但就是因为怪异，人们越会记得，而且只要有一张落入想买车的人手中，我赚到的佣金就超过这些名片的成本了！"

5. 提防250连锁反应定律

"每个人的一生，大概会认识250个关系较亲近的人，包括亲戚、同事、邻居、朋友，这是从婚礼与丧礼的参加人数得知的平均数。"乔·吉拉德在进入汽车销售这一行后不久，体悟出这个数字，如果一星期拜访50个潜在客户，只要有两个人对他的服务不满意，透过"250连锁反应定律"，负面口碑立刻不胫而走，一年后就会有2.6万人受到这两个不满意者的影响。

"250连锁反应定律"的意义很简单：人们喜欢交换买东西的经验，你每得罪一个可能成为客户的人，就等于得罪了250个人。所以，乔·吉拉德的结论是："不论在任何情况下，都不要得罪任何一个客户。"

6. 成交，是服务的开始

许多业务员把全部精力放在让客户付钱上，一旦成交后，就对客户不闻不问。然而，乔·吉拉德所销售的1万多辆车中，有很大一部分都是重复购买或介绍别人来买车的老客户。

"成交是服务的开始"，乔·吉拉德每个月都寄卡片给向他买车的1万多位客户。正因为乔·吉拉德没有忘记他的客户，他的客户才不会忘记他。

乔·吉拉德倾力协助客户解决问题，让客户对产品的不满，转变为赞美，这也是他平常就和维修部门打好关系的原因，"有时候即使我贴钱处理客户车子的毛病，我还是会做，因为这会让客户感觉我和他站在同一边，而且我支持他，就成为他的朋友，等他下次要换车或有朋友要买车时，自然会找我。"

7. 结语

出身底特律贫民窟的乔·吉拉德在35岁前，不安分地更换了三十多种工作，播下去的种子从没等到发芽，他就急着把种子挖起，直到他从事汽车销售的第三年，他才领悟到工作就像种树，必须耐心呵护，等它慢慢长大，就会给你回报；你待得越久，树就长得越大，回报也就越多。

人生起步永不嫌迟，成功的起点是热爱自己的职业。

笔记区

故事五
从维修工到董事长

他曾经是一名普通的汽车维修工，如今却是资产过亿的集团老总；他参加工作的时候只是一名初中毕业生，如今却将职业教育办得红红火火。他谦逊、内敛，跟他打过交道的人都会被他的真诚和睿智所折服、吸引，他用自己的双手和智慧的头脑创造出了燕赵大地上的一个奇迹。

他，就是高巍，拥有过亿资产、管辖八个企业和一个中专学校的承德腾飞集团董事长。

其实，高董事长就是个汽车维修工。

1. "下海"——艰难抉择

17 岁初中毕业就进入国营企业工作的高巍从来没有想过有一天要当老板，他只是像一个大孩子一样，对修车喜欢到了痴迷的程度。无论什么时候，只要有人找他修车，高巍都会卷起袖子就干，有时一干就干到半夜甚至天亮。在别人眼里，高巍是一个喜欢钻研的技术狂，一个从来不计报酬、不问奖金，只知道傻干的另类。

当维修技术越来越精湛以后，高巍想做一点自己的事情，却日益感到在国有企业难以真正施展开拳脚。终于，在 20 世纪 80 年代初的一天，20 多岁的高巍毅然砸掉了自己的"铁饭碗"，辞职下海，开始了创业之路。这在当时无疑是一个石破天惊的另类之举。

2. "吃亏是福"——创立自己的公司

高巍下海，怀的是闯一番事业的雄心壮志。

最初是与人合开了一个小饭馆。他早出晚归，辛苦操劳，换来的却是难以置信的失败。由于与合伙人在经营理念、利益分配上的分歧，高巍辛苦的创业结果几乎是"净身出户"。他愤怒、痛苦，最终选择吃亏、退出，自主创业。

高巍知道，作为一名修理工，修车才是他的看家本领，更能展示自己的才能。他回到自己的修车行业，并给了自己一个明确的定位：专门修理中、高档轿车。他相信凭自己的技术，能干出名堂来。

1992 年，高巍创办了自己的轿车修理厂，并借邓小平南巡讲话中"经济腾飞"中心精神，为自己的修理厂起名为"腾飞轿车修理厂"。

笔记区

3. "要做就做一流"——在市场中摸爬滚打壮大

然而，命运并不想让他那么顺利。资金短缺、设备简陋、没有厂房，高巍靠借来的几千块钱开始的创业路，其艰辛可想而知。一开始，高巍的修车店只有一间小屋子，只要有人来找他修车，高巍就高兴得欢天喜地。一头汗，一身油，满脸油污，收费却很低。正是凭着诚恳的待客方式和过去几年专业技术的扎实积累，找高巍修车的人逐渐多了起来。

那时的高巍真是身兼数职，说是厂长，其实厂里也就七八个人，自己还得当维修工，同时又是会计和采购员。苍天不负有心人，中国迎来了汽车大发展的年代，汽车修理业也赶上了井喷式的爆发时期。由于老百姓收入的提高，轿车市场越来越大，高巍"专门修理中、高档轿车"的"腾飞"走在了市场前面。尤其是与保险公司建立合作关系后，公司成为保险事故车的专门维修点，这使"腾飞"一下就真的飞跃起来了。

市场逼迫着高巍不断地探索。1994年，高巍敏锐地发现汽车玻璃是一个市场缺口，便迅速将产业链延伸到这一领域，成为福耀玻璃承德地区独家代理；1995年，高巍再一次捕捉到市场需要拖车救援的信息，成为承德第一家拥有拖车的维修企业。

如今的腾飞，已经发展成为产业涉及职业教育、汽车贸易、救援、维修服务、配件营销、汽车玻璃、驾驶人培训、大型设备吊装、运输、特种设备安装等领域的"一流"现代民营独资产业集团。

4. "要干别人想都不敢想的事"——维修企业办职教

1999年，高巍又一次做出惊人之举：创办了腾飞中等专业学校。

"一个不懂市场的人办职教怎么可能办好？企业办职教最大的优势，就是能够及时了解市场，了解企业的需求。"高巍就是这样让腾飞中专学校充分利用实践优势，将理论和实践的结合发挥到了极致。同时还实现了企业与学校之间技术信息、师资资源、教学设备共享。降低了成本的同时，提高了教学质量。

如今，高巍的职业教育越办越红火：3000多名在校生，每年新招1000多人，毕业1000多人，毕业的学生均100%实现了就业，其中有85%还在北京找到了工作。

5. 结语

高巍从一个普通的修理工成长为一个现代集团企业的董事长，他认为成功是一种心态。一个人只有不断学习、自我鼓励，不断追求新的成功，才会成为一个成功的人。

笔记区

故事六

最执着的汽车人

2014 年 8 月 18 日，中国民营企业发布会在北京召开，由全国工商联评选的"2014 中国民营企业 500 强"榜单揭晓，吉利控股名列第九，在中国汽车制造业中名列第一。吉利控股为什么能在汽车行业取得如此大的成就？这一切得从"最执着的汽车人"——吉利创始人李书福说起。

1. 开照相馆

1982 年，高中毕业的李书福花了几十元买了一台照相机，在各个景点靠骑个自行车满街给人照相营生。李书福的照相生意做得不错，半年后赚到 1000元，他正式开起了照相馆。

2. "垃圾"淘金

"我选的工业项目都是别人做不了的。"李书福说的是在"垃圾"中提取金银。

李书福经常买一些零件自己组装照相机。喜欢鼓捣的李书福，在洗相的过程中发现，用一种药水浸泡，可以把废弃物中的金银分离出来。为这个项目，李书福投资了 1 万元。虽然这些钱大部分来自生意不错的照相馆，但李书福还是义无反顾地把照相馆关了门。

3. 冰箱"逃兵"

1984 年，李书福在一家鞋厂与工人的闲聊中发现制造冰箱零配件的利润很高，于是开始制造冰箱零部件（图 8-11）。李书福的决定很快就收到了回报，在那个年代，全国市场对于家电出现了罕见的"抢购风"，冰箱市场更是从年销量 25 万台扩大到 733.5 万台。李书福在进入冰箱市场后的两年内，产值就已经达到了 4000 万元。

1987 年，制作冰箱零配件的利润已经不能满足李书福的要求，李书福决定开始生产"北极花"牌冰箱（图 8-12），到 1989 年 5 月，冰箱销售额已达 4000多万元，并与青岛红星厂合作，为红星厂生产冰箱、冰柜。1989 年 6 月，国家电冰箱实行定点生产，民营背景、戴着乡镇企业"红顶"的北极花，自然没有列入定点生产企业名单。于是，李书福决定放弃这家工厂，并把工厂的资产上交给了乡政府，自己去深圳上大学。

笔记区

图 8-11　冰箱配件生产厂

图 8-12　"北极花"牌冰箱

4. 建材获利

在深圳上大学期间，他和几个同学准备装修一下宿舍，在逛建材市场时，李书福发现一种叫作铝镁曲板的建材，当时市场价格很贵，并且均是从国外进口，李书福觉得里面的利润很高，于是和他二哥商议开始开发铝镁曲板，并且于 1991 年正式开始生产。

在国外材料高价的衬托下，李书福兄弟的产品迅速打开市场，1991 年年底，就销售了 800 多万元，1992 年销售额达 7000 多万元，1993 年达 1.5 亿元，2001 年销售额达 3.4 亿元。如今，建材依然是吉利集团的一项业务，并且每年依然有可观的营业收入。

5. 突发奇想：第一辆踏板式摩托车诞生

想常人之不敢想，做常人之不敢做，这就是李书福。

一次偶然的机会，李书福开始涉足踏板摩托车市场。

当时国内的踏板摩托车还比较新鲜，李书福发现台湾的阳光摩托车厂生产的踏板式摩托车骑姿优雅，下雨天可以挡水挡泥，很符合国内的用车情况。1994 年，李书福生产出大陆第一辆踏板式摩托车，外形与日本、中国台湾的摩托车差不多，价格却便宜很多，日本、中国台湾的摩托车卖 1.7 万 ~ 1.9 万元，吉利才卖 8800 元，利润依然惊人。这种小巧的摩托车很快在江浙地区流行开来，十分火爆，很快便取代了日本和中国台湾的同类摩托车，还出口美国、意大利等 32 个国家和地区。1999 年，吉利摩托车产销 43 万辆，实现产值 15 亿元，吉利集团也因此赢得了"踏板摩托车王国"的美誉（图 8-13）。

图 8-13　踏板摩托车生产线

6. 敢为人先，赢得一次创新的机会

造轿车是李书福最大的梦想。在他看来，

当时的汽车产品价格太高了，有很大的机会，唯一的问题就是如何让政府支持，他坚信政策总有一天会放开，而在这之前他正好可以利用时间研究汽车技术和建设造车基地。

虽然，李书福下定了决心，但是当时的背景几乎没有一项是有利于民企造汽车的，"无人、无钱、无技术"，所以，他的造车想法遭到了家人和摩托车董事会的一致反对，没有谁愿意陪李书福冒险。

经过一番争吵，万般无奈，顾及兄弟情分，最后决定，最多投资 1 个亿，让李书福去试试。

7. 柳暗花明，豪情动天

李书福以汽车研究试验的名义，筹建吉利豪情汽车工业园区。他的哥哥都说他是在赌命。的确，如果最终拿不到汽车生产权，数亿元的投资都将付诸东流。

但一次偶然的机会让李书福的梦想柳暗花明，四川一家生产小客车的企业濒临倒闭，于是经过多方努力，吉利与之合作成功。吉利投资 2400 万元，占 70％ 的股份，成立四川吉利波音汽车制造公司，后来改叫吉利汽车制造有限公司。李书福终于拿到了小客车、面包车的生产权。

1998 年年底，第一辆两厢"吉利豪情"车下线（图 8-14）。李书福把"吉利豪情"的市场价定在 4.79 万元，成为当时中国最便宜的"电喷车"，其优越的性能价格比，得到了众多家庭购车者的关注，市场需求渐旺。2000 年，李书福在宁

图 8-14 "吉利豪情"汽车

波投资 7 亿多元，征地 66.67 公顷，建立吉利美日工业园，加上此前建立的临海基地两大生产基地，初步形成了年产 20 万辆汽车的生产能力。

8. 造中国最便宜的轿车

在李书福造车之初，其打出的口号就是"造中国最便宜的轿车"，而这在"吉利豪情"上体现得淋漓尽致，"吉利豪情"一"出世"就使得汽车的价格从神坛上跌落到了现实，当时"吉利豪情"对夏利的冲击尤为强烈。最终，夏利把价格定在了 3.18 万元起，而李书福毫不示弱，随机将"吉利豪情"的价格降到了 2.99 万元，一辆"吉利豪情"只赚几百块钱。

2001 年，对于吉利来说可谓是名利双收的一年，李书福被《中国企业家》杂志评为"最执着的人物"，当选理由是"不管外界如何评论，也不管受到怎样的挫折，顽强地做着自己的造车梦"。"汽车疯子"的称号由此而来。

2005 年，吉利汽车销量为 15 万辆，同比增长 36％，吉利汽车首次入围全

国汽车销量十强，排名第八。同时这一年吉利汽车股票正式在香港发售。

9. 收购沃尔沃

2010 年 3 月 28 日，吉利宣布已与福特汽车签署最终股权收购协议，以 18 亿美元获得沃尔沃轿车公司 100% 的股权以及相关资产（包括知识产权）。这是近年来，中国民营企业在海外最大的一起知名企业收购案，吉利集团一举成为中国和全球汽车制造业的耀眼明星。

10. 结语

从 17 岁给人照相开始创业以来，李书福创造了无数个奇迹。由于他对汽车一往无前的执着，敢为人先和对失败无惧的精神，吉利变得越来越强大。如今，戴上沃尔沃徽章的李书福，跻身世界一流车商已不是梦想。

技能训练

"汽车英豪" 故事会

（1）分小组收集国内外车界英豪的故事；

（2）各小组通过讲、演或讲演结合等形式展示本组成果；

（3）师生共同讨论、点评，并总结车界英豪的成功经验。

笔记区

单元小结

百年汽车，许多车界英豪留下了传奇故事，有汽车技术先驱，有汽车公司创始人，有赛车奇才，还有将艺术与汽车融合的设计天才。这些名人的家庭出身有贫富之差，受教育程度有高低之分，社会地位有贵贱之别，但是，他们的目标是一样的，那就是将自己的毕生精力投入到自己喜爱的汽车事业中。他们的故事引人入胜，引领着飞速变化的时代，激励着我们的信念与梦想。

思考与练习

（一）填空题

1. 第一个不会震裂的防震安全玻璃是_____发明的。

2. 被誉为 "汽车设计之父" 的是_____。

（二）判断题（对的画 "√"，错的画 "×"）

1. 硫化橡胶的发明者是约翰·博伊德·邓洛普。　　　　　　　　　　（　　）

2. 拉塞尔车型的设计师是哈利·厄尔，但不是第一辆从前保险杠到尾灯都是由设计师设计的汽车。　　　　　　　　　　　　　　　　　　　　　　（　　）

3. 1972 年福特 T 型车停产。　　　　　　　　　　　　　　　　　　（　　）

（三）简答题

乔·吉拉德为何能成为 "汽车销售之父"？

附录　本教材配套数字资源列表

序号	资源名称	资源类型	所在页码
1	汽车化油器	视频	017
2	打开汽车看奥妙	视频	055
3	燃油汽车结构	视频	056
4	新能源汽车结构	视频	056
5	新能源汽车"神器"	视频	087
6	VTEC可变气门正时和升程发动机	视频	111

参 考 文 献

[1] 马骁，帅石金，丁海春．汽车文化［M］．3 版．北京：清华大学出版社，2020.

[2] 陈社会．新能源汽车结构与检修［M］．2 版．北京：人民交通出版社股份有限公司，2021.

[3] 王洪浩．汽车里的中国故事［M］．北京：机械工业出版社，2024.

[4] 王永莲，刘新江．汽车文化［M］．3 版．北京：人民交通出版社股份有限公司，2019.

[5] 段福生，丁云鹏．汽车文化［M］．2 版．北京：北京理工大学出版社，2019.

[6] 屠卫星．汽车文化［M］．4 版．北京：人民交通出版社股份有限公司，2019.

[7] 周林福．汽车底盘构造与维修［M］．4 版．北京：人民交通出版社股份有限公司，2019.

[8] 张文华，王明释．汽车文化［M］．2 版．北京：高等教育出版社，2012.

[9] 周兵，麦尔斯．汽车百年［M］．北京：金城出版社，2012.

[10] 林平．车志：世界著名汽车公司［M］．北京：化学工业出版社，2013.

[11] 林平．车魂：世界著名汽车人物［M］．北京：化学工业出版社，2012.

[12] 胡建军．中国汽修人［M］．北京：北京理工大学出版社，2007.